Unternehmensverkauf für Inhaber

Lars Harten • Thomas Salzmann

Unternehmensverkauf für Inhaber

Die zehn wichtigsten Schritte entlang realer Fälle aus der Praxis

Springer Gabler

Lars Harten
Everto Consulting GmbH
Hamburg, Deutschland

Thomas Salzmann
Everto Consulting GmbH
Hamburg, Deutschland

ISBN 978-3-658-52761-7 ISBN 978-3-658-52762-4 (eBook)
https://doi.org/10.1007/978-3-658-52762-4

Die Deutsche Nationalbibliothek verzeichnet diese Publikation in der Deutschen Nationalbibliografie; detaillierte bibliografische Daten sind im Internet über https://portal.dnb.de abrufbar.

Coverillustration: Jelka Lerche

Planung/Lektorat: Angela Meffert
Springer Gabler ist ein Imprint der eingetragenen Gesellschaft Springer Fachmedien Wiesbaden GmbH und ist ein Teil von Springer Nature.
Die Anschrift der Gesellschaft ist: Abraham-Lincoln-Str. 46, 65189 Wiesbaden, Germany

Vorwort

Vor einigen Jahren wurden wir von einem Unternehmer beauftragt, einen Käufer für seine Firma zu finden. Es handelte sich um einen Kranverleih, ein mittelständisches, grundsolides Unternehmen in Familienhand. Mehr als ein Dutzend Kräne hatte der Unternehmer in seinem Fuhrpark: Autokräne, Turmkräne, Mobilkräne. Jeder einzelne von ihnen war mehrere Hunderttausend Euro wert. Die Kräne waren das mit Abstand wichtigste Kapital des Unternehmens.

Um sie vor Sturm und Regen zu schützen, standen die Kräne, wenn sie gerade nicht im Einsatz waren, in einer großen Halle. Im Winter, an besonders kalten Tagen, wurde die Halle beheizt, um Schäden durch Frost oder Eis zu vermeiden. Das Ungewöhnliche war, dass der Unternehmer die Halle nicht mit Öl, Gas oder Fernwärme beheizte, sondern mit Holz. Aus seiner Sicht war das eine naheliegende Lösung, denn zum Grundstück gehörte ein großer Wald. Holz gab es mehr als genug. Warum den Rohstoff also nicht nutzen, um die Halle warm zu bekommen?

Der Unternehmer war ein anpackender Typ. Unter der Woche war er als Chef viel mit Telefonaten, Meetings, Kunden- und Mitarbeitergesprächen beschäftigt. Am Wochenende stapfte er dann mit seiner Axt in den Wald. Für ihn war das nicht nur eine Sache, die eben erledigt werden musste. Es bereitete ihm auch Freude, mit seinen eigenen Händen und in aller Ruhe Holz zu hacken.

Nun war unter den Interessenten, die wir für das Unternehmen gefunden hatten, auch ein französischer Konzern auf Wachstumskurs. Das Familienunternehmen aus Deutschland passte perfekt in sein Portfolio. Also wurde ein hochrangiger Manager aus Frankreich eingeflogen, um sich persönlich ein Bild von der Firma zu machen. Der Manager stand in der Halle mit den Kränen, hörte sich alles an und wollte dann wissen, wer denn dann nach einer Übernahme künftig eigentlich das Holz hacke. Die Antwort des Unternehmers: „Das machen Sie dann."

Es wird Sie wahrscheinlich nicht überraschen, dass der Manager recht verblüfft reagierte – und der Verkauf des Kranverleihs an den französischen Konzern am Ende nicht zustande kam. Trotzdem haben wir uns entschieden, das Buch mit dieser kleinen Anekdote zu beginnen. Denn sie steht aus unserer Sicht für gleiche mehrere Dinge, die wir an unserem Beruf so lieben – und die letztlich auch zum Entschluss geführt haben, dieses Buch zu schreiben.

Beginnen wir mit dem, was wir als das größte Privileg unserer Arbeit empfinden: Wer wie wir Unternehmern dabei hilft, ihr Unternehmen zu verkaufen, hat es immer mit erfolgreichen Menschen zu tun. Das liegt in der Natur der Sache. Wer ein Unternehmen zu verkaufen hat, hat vorher auch erfolgreich eines auf- oder ausgebaut. Das bedeutet: Er hat Mut und Entschlossenheit gezeigt, sich von Krisen nicht unterkriegen lassen – und am Ende etwas geschaffen, das einen Wert hat. Damit meinen wir nicht nur den Umsatz, den Gewinn oder den Kaufpreis, den ein Unternehmen erzielt. Wir meinen auch all die anderen Dinge, die sich nicht in Geld messen lassen, Unternehmern aber oft genauso wichtig sind: Die Verantwortung für Mitarbeiter. Das gemeinsame Tüfteln an innovativen Produkten. Die Eroberung eines neuen Marktes. Das schöne Gefühl, das, was man sich vorgenommen hat, auch erreicht zu haben.

Solche Menschen sind ganz besondere Typen. Sie haben, so wie der Kranunternehmer, Ecken und Kanten, machen Dinge oft anders als andere. Auch deshalb sind sie so erfolgreich. Es sind Menschen, die bewusst nicht den einfachen, sondern einen steinigen Weg gewählt haben, und die diesen Weg mit viel Kraft und Durchhaltevermögen auch dann weiterverfolgt haben, wenn die meisten anderen längst umgekehrt wären. Das ist das Erste, was wir an unserem Beruf so zu schätzen wissen: Es ist unglaublich inspirierend für und mit solchen Unternehmern zu arbeiten. Man kann von diesen Menschen wahnsinnig viel lernen.

Das gilt umso mehr, als wir ja auch selbst Unternehmer sind. Wie die meisten Unternehmer könnten wir stundenlang über das erzählen, was wir machen und wo wir herkommen. In diesem Buch soll es aber nicht um uns gehen, sondern um das, was Menschen wissen sollten, die sich mit dem Verkauf ihres Unternehmens beschäftigen. Deshalb möchten wir uns an dieser Stelle nur recht kurz vorstellen, hoffen aber, dass Sie dennoch ein erstes Gefühl dafür bekommen, wer wir sind und wie wir ticken.

Everto, das Unternehmen, das wir, also Thomas Salzmann und Lars Harten, gemeinsam führen, ist auf den Verkauf von inhabergeführten Unternehmen spezialisiert. Dass wir uns auf diese Zielgruppe konzentrieren, hat vor allem mit unserer eigenen Art zu arbeiten zu tun: Wir mögen schlanke, schnelle und erfolgsorientierte Prozesse. In der Praxis bedeutet das zum Beispiel, dass wir im Schnitt nur zwischen sechs und zwölf Monaten benötigen, um ein Unternehmen zu verkaufen. Das gilt sowohl für kleinere als auch für größere Unternehmen mit einem Kaufpreis im hohen zweistelligen Millionenbereich. Darauf sind wir stolz. Und dafür haben wir hart an unseren Prozessen gearbeitet.

Unser Konzept geht aber nur auf, wenn unsere Auftraggeber ähnlich erfolgsorientiert ticken wie wir – und in der Lage sind, klare Entscheidungen zu treffen. Bei inhabergeführten Unternehmen ist das fast immer der Fall. Unternehmern geht es um den Erfolg, sie sind es gewohnt, schnell und effizient zu entscheiden. In Konzernen ist das oft anders. Die Prozesse laufen schleppender, verschiedene Hierarchieebenen sind eingebunden. Im schlimmsten Fall folgt ein ergebnisloses Meeting auf das nächste. Das entspricht nicht unserem Naturell. Deshalb haben wir uns entschieden, keine Mandate von Konzernen anzunehmen. Wir wollen auch selbst nicht wie ein Konzern auftreten. Auf aufwendige PowerPoint-Präsentationen und anderen Schnickschnack verzichten wir. Wer sich ein *Corporate Feeling* wünscht, ist bei uns nicht an der richtigen Stelle.

Inhabergeführten Unternehmen aber machen wir ein einfaches, klares, erfolgsorientiertes Angebot: Wer uns beauftragt, zahlt ein monatliches Honorar, das so niedrig ist, dass es unsere eigenen Kosten nicht mal annähernd deckt. In ihm sind auch alle Spesen und Fahrtkosten enthalten. Das heißt: Wir tragen das wirtschaftliche Risiko mit – und haben so ganz automatisch dasselbe Interesse wie unsere Kunden: einen zügigen Verkauf zum bestmöglichen Preis. Erst wenn wir ein Unternehmen verkauft haben, wird eine moderate Erfolgsprovision fällig.

Allein in den vergangenen zwei Jahren haben wir über 40 Unternehmen erfolgreich verkauft, vom klassischen Handwerksbetrieb bis zur modernen Software-Schmiede. Dieser Erfolg ist das Ergebnis einer eingespielten Partnerschaft mit klarer Arbeitsteilung, die sich in jedem Schritt unseres Verkaufsprozesses widerspiegelt.

Thomas Salzmann ist, wenn man so will, unser Außenminister. Er führt unser Beraterteam an, kennt alle Fallstricke und auch die persönlichen Herausforderungen, die ein Verkauf für den Unternehmer und seine Familie mit sich bringen kann. Durch seine langjährigen Führungspositionen in Banken ist er zudem ein ausgewiesener Fachmann für Finanzierungen. Von der Finanzierung hängt es in der Praxis oft ab, ob ein Verkauf am Ende zustande kommt oder scheitert.

Lars Harten ist, um im Bilde zu bleiben, unser Innenminister. Er steuert als Partner die strategische Vorarbeit. Mit seinem Team koordiniert er jeden Schritt: von der Gewinnung neuer Kunden über die Erstellung professioneller Verkaufsunterlagen und der gezielten Ansprache von Interessenten bis hin zur Unterzeichnung der Vertraulichkeitserklärungen. Seine Expertise liegt in der Entwicklung innovativer Vermarktungsstrategien und optimierter Prozesse, die uns von anderen unterscheiden und von denen unsere Mandanten profitieren, weil sie effizient und effektiv zum bestmöglichen Abschluss führen.

Nun zum zweiten Punkt, den wir an unserem Beruf so schätzen: Es ist schön, den inspirierenden Unternehmern, von denen wir selbst so viel lernen, auch etwas zurückgeben zu können. Nicht, weil wir klüger oder schlauer wären als sie. Sondern weil wir uns auf das, was sie normalerweise nur einmal im Leben durchmachen, spezialisiert haben. Wer glaubt, dass ein Unternehmer, der ein Unternehmen aufgebaut hat, es am besten kennt – und daher auch in der Lage sein sollte, es selbst am besten zu verkaufen, vergisst, dass so ein Verkauf ganz eigenen Regeln folgt, mit denen Unternehmer normalerweise keine Erfahrung haben. Es ist für sie oft auch ein emotional aufreibender Prozess. Wenn es um das eigene Lebenswerk geht, sind selbstverständlich auch Gefühle im Spiel. In der Hitze des Gefechts oder aus Unerfahrenheit können viele, auch schwerwiegende Fehler passieren. Den Manager eines großen Konzerns zum Holzhacken verdonnern zu wollen, gehört dabei noch zu den harmloseren Fauxpas.

Nicht immer aber bleibt es so amüsant: Wenn es um den Verkauf des eigenen Unternehmens geht, geht es oft auch um die Altersvorsorge des Unternehmers, um die Frage, wie wohlhabend er nach vielen Jahren harter Arbeit wirklich ist, was er sich in Zukunft leisten können wird. Es ist auch nicht schön, wenn ein intensiv und über Monate verhandelter Deal plötzlich doch noch platzt, etwa weil der Käufer kalte Füße bekommt oder man feststellt, dass er das nötige Geld gar nicht hat. Auch wenn Misstrauen entsteht oder man vor lauter juristischen Klauseln und Paragrafen den Blick für das Wesentliche verliert, kann ein Verkauf, der schon in sicheren Bahnen schien, noch scheitern.

Einer der schönsten Momente unserer Arbeit ist, wenn der Kaufvertrag nach langen Verhandlungen endlich unterzeichnet ist und Käufer und Verkäufer beim Notar erleichtert mit einem Glas Champagner anstoßen. Selbst dann aber können immer noch viele Dinge schiefgehen, wenn man sie vorher nicht eindeutig geregelt hat. Wie lange etwa muss der Unternehmer noch im Unternehmen verbleiben, um den Übergang zu organisieren? Wer haftet für Altlasten, die plötzlich und unverhofft auftauchen? Wann ist der komplette Kaufpreis tatsächlich auf dem Konto?

Uns ist bewusst, dass es schon einige Bücher über den Verkauf von Unternehmen gibt. Sie sind aus unserer Sicht aber oft recht theoretisch und wurden in den meisten Fällen von Menschen geschrieben, die selbst noch nie ein Unternehmen verkauft haben. Das heißt nicht, dass sie überflüssig oder die darin enthaltenen Konzepte falsch wären. Unserer Erfahrung nach aber läuft es in der Praxis doch oft etwas anders als in den Lehrbüchern, gerade bei kleinen bis mittelgroßen, inhabergeführten Unternehmen.

Ein Beispiel ist die Berechnung des Unternehmenswerts. Hier findet man in der Literatur ganz unterschiedliche Ansätze: das Substanzwertverfahren, das Ertragswertverfahren, das Multiplikator-Verfahren oder das Discounted-Cashflow-Verfahren. Was aber bedeuten diese Verfahren für die Praxis? Welche von ihnen werden tatsächlich angewandt? Wie komme ich wirklich zu einer realistischen Einschätzung des Kaufpreises?

Das Ziel dieses Buches ist es, Ihnen das Wissen, das wir in mehr als 25 Jahren Praxis erworben haben, in kompakter und unterhaltsamer Form zur Verfügung zu stellen – und zwar entlang von realen Beispielen von Unternehmern, die ihr Unternehmen mit unserer Unterstützung bereits erfolgreich verkauft haben. Unterfüttert werden ihre Geschichten und Erfahrungen mit den wichtigsten Konzepten und Ansätzen aus Theorie und Praxis.

Jedes der zehn Kapitel steht dabei für einen Schritt beim Unternehmensverkauf: von der Entscheidung, wirklich zu verkaufen, über die Berechnung des Unternehmenswerts bis hin zur Unternehmensübergabe und dem Leben danach. Denn auch das ist ja eine wichtige Frage: Was mache ich eigentlich, wenn das Unternehmen verkauft ist und ich plötzlich eine beträchtliche Summe auf dem Konto habe? Was habe ich noch vor in meinem Leben, was gibt ihm künftig einen Sinn? Auch wenn diese Fragen von jedem selbst beantwortet werden müssen und sie streng genommen nichts mit unserem Mandat zu tun haben, möchten wir sie dennoch nicht ganz ausklammern. Im letzten Kapitel werden Sie deshalb von den Unternehmern, die Sie in diesem Buch kennenlernen werden, aus erster Hand erfahren, wie sie diese Fragen für sich beantwortet haben.

Mit diesem Konzept schaffen wir etwas, das es unseres Wissens in dieser Form bislang noch nicht gibt: ein Buch von Praktikern, das den Unternehmensverkauf Schritt für Schritt erklärt und dabei Unternehmer zu Wort kommen lässt, die diesen Prozess bereits durchlaufen haben – und bereit waren, offen und ehrlich über ihre eigenen Erfahrungen zu sprechen. Ohne sie wäre dieses Buch nicht möglich gewesen. Ihnen gebührt unser größter Dank.

Wenn Ihnen dieses Buch gefällt, freuen wir uns, wenn Sie Kontakt zu uns aufnehmen und ein kostenloses, unverbindliches Kennenlerngespräch vereinbaren. Dazu können Sie einfach den QR-Code scannen:

Lars Harten
Thomas Salzmann

Interessenskonflikt Die Autor*innen haben keine relevanten Interessenskonflikte im Zusammenhang mit dieser Publikation.

Inhaltsverzeichnis

1

Die Entscheidung

Warum Unternehmer ihr Unternehmen verkaufen – und wann der richtige Zeitpunkt dafür gekommen ist

In diesem Kapitel geht es um die Entscheidung, sein Unternehmen zu verkaufen. Ganz nüchtern betrachtet könnte man sagen, es geht um die Frage, ob man das, was man aufgebaut hat, gegen Geld eintauschen möchte. So wie man ja auch andere Dinge verkaufen kann, in die man viel Zeit und Mühe gesteckt hat. Den restaurierten Oldtimer in der Garage zum Beispiel. Oder das Haus mit Kamin und Garten, das man liebevoll wieder hergerichtet hat.

Ein Unternehmen aber ist dann doch etwas anderes. Kaum jemand würde ein Haus oder einen Oldtimer als sein Lebenswerk betrachten – oder sich so stark damit identifizieren, dass der Verkauf existenzielle Fragen aufwerfen kann. Die Frage „Wer bin ich eigentlich, wenn ich keinen Oldtimer mehr besitze?", wird sich niemand ernsthaft stellen. „Wer bin ich eigentlich, wenn ich kein Unternehmer mehr bin?", vielleicht schon. Das Unternehmen, das man geformt hat, das einen viele Jahre lang aufgewühlt und ausgefüllt hat, verkauft man nicht einfach nur für viel Geld. Man tauscht es immer auch gegen ein anderes Leben ein.

Wie trifft man eine solche Entscheidung? Welche Gründe spielen eine Rolle? Und wann ist der richtige Zeitpunkt?

L. Harten, T. Salzmann, *Unternehmensverkauf für Inhaber*,
https://doi.org/10.1007/978-3-658-52762-4_1

Natürlich gibt es auf diese Fragen keine allgemein gültigen Antworten. Jeder Fall ist anders, jeder Unternehmer muss diese Entscheidung selbst treffen. Oft braucht das Zeit. Manchmal sind es Monate, manchmal Jahre. In diesem Prozess aber kann es helfen, sich mit den Erfahrungen anderer Unternehmer auseinanderzusetzen, die eine solche Entscheidung bereits hinter sich haben. Und aus diesen Erfahrungen ein paar Erkenntnisse abzuleiten, die die eigene Entscheidung in einen größeren Kontext setzen.

Der Kipppunkt: Die Geschichte der Bethkenhagens – und was wir daraus lernen können

Beginnen wir mit Jörn und Kerstin Bethkenhagen, einem Ehepaar, das bis zum Verkauf 2023 gemeinsam ein mittelständisches Unternehmen für medizinischen Laborbedarf geleitet hat: die Sanguis Counting GmbH in Nümbrecht, einer kleinen Gemeinde im Süden Nordrhein-Westfalens. Gegründet wurde das Unternehmen 1991 von Jörn Bethkenhagen und seinem Vater. Kerstin Bethkenhagen sagt, sie habe sich eigentlich immer raushalten wollen aus dem Familienunternehmen ihres Mannes. „Das ist euer Ding", habe sie immer gesagt. Dann aber kam es doch anders. Deshalb erzählen Jörn und Kerstin Bethkenhagen ihre Geschichte nun gemeinsam.

Ganz am Anfang, wenn wir einen Mandanten kennenlernen, nehmen wir uns immer viel Zeit, um erstmal zu verstehen, um was für ein Unternehmen es sich eigentlich handelt, womit es Geld verdient, was seine Gründungsgeschichte ist. Bei den Bethkenhagens war das nicht anders. Der Vater von Jörn Bethkenhagen, erfuhren wir, hatte vor mehr als 30 Jahren im Labor ein Verfahren entwickelt, mit dem er den Grundstein des Unternehmens legte. Er beherrschte damals als einer von nur ganz wenigen Menschen die Kunst, sogenanntes Kontrollblut herzustellen. Wir sind keine Mediziner. Ehrlich gesagt hatten wir keine Ahnung, was Kontrollblut ist. Aber auch das ist eines der Dinge, die wir an unserem Beruf so lieben: Wir dürfen neugierig sein. Und im Zweifel nachfragen, bis wir es verstanden haben.

Was also ist Kontrollblut? Und wofür braucht man es? Am besten stellen Sie sich kurz vor, Ihnen wird beim Arzt Blut abgenommen. Sie wollen wissen, ob sie gesund sind oder ob es in Ihrem Blut Anzeichen für eine Krankheit gibt, die behandelt werden muss. Ihr Blut wird also in ein Labor geschickt und dort mithilfe von Spezialgeräten analysiert. Nach ein paar Tagen bekommen Sie das Ergebnis. Natürlich möchten Sie, dass das Ergebnis korrekt und so exakt wie möglich ist. Ein falsches Ergebnis könnte schließlich zu einer möglicherweise fatalen Fehldiagnose führen.

Worüber Sie sich wahrscheinlich noch nie Gedanken gemacht haben, ist die Frage, wie die Geräte, die das Blut analysieren, kontrolliert werden. Die

Antwort: Dafür wird Blut benötigt, das sich nicht verändert, mit dem man also testen kann, ob ein Gerät für dieselbe Blutprobe auch nach einigen Tagen oder Wochen noch dasselbe Ergebnis ausspuckt. Normales Blut ist dafür untauglich. Es verändert sich zu schnell und ist nicht stabil genug. Deshalb wird Blut benötigt, das deutlich länger haltbar ist. Ein solches Kontrollblut konnte der Vater von Jörn Bethkenhagen produzieren.

Bald schon wächst das Unternehmen, auch der jüngere Bruder von Jörn Bethkenhagen steigt ein, Mitarbeiter kommen dazu und es entsteht ein zweiter, ganz neuer Geschäftsbereich. Die Sanguis Counting GmbH produziert nun nicht mehr nur Kontrollblut, sondern auch Kunststoff-Kapillare zum Transport von Blut in das Labor. Der Markt für diese medizinischen Einwegartikel ist groß. Der Umsatz wächst auf mehrere Millionen Euro pro Jahr. Es ist eine Erfolgsgeschichte.

2011 aber, genau 20 Jahre nach Gründung des Unternehmens, gibt es einen Bruch: Nicht nur der Vater zieht sich aus dem operativen Geschäft zurück. Auch der Bruder will nochmal etwas anderes machen und scheidet aus der Geschäftsführung aus. Jörn Bethkenhagen ist der einzige verbliebene Bethkenhagen im Familienunternehmen.

Für das Unternehmen und auch ihn selbst ist es eine schwierige Zeit. „In dieser Situation war völlig unklar, ob er das alleine überhaupt weitermachen würde“, erzählt Kerstin Bethkenhagen. „Also hat er mich gefragt, ob ich nicht doch stärker einsteigen möchte.“ Eigentlich war der Plan, dass sie sich aus dem Familienunternehmen heraushält. Nun aber bittet ihr Mann sie um Hilfe. Kerstin Bethkenhagen überlegt nicht lange. Sie sagt zu und übernimmt ab 2012 das für das Unternehmen immer wichtiger werdende Feld des Qualitätsmanagements.

Am Familienleben geht das nicht spurlos vorbei. Noch abends um zehn, beim Zähneputzen, habe man über die Firma gesprochen, sagt Jörn Bethkenhagen. „Morgens haben wir dann oft mit dem Laptop auf dem Schoß gefrühstückt“, sagt Kerstin Bethkenhagen. Auch an den Wochenenden habe man zwischendurch nochmal gecheckt, ob mit der EDV alles in Ordnung sei. „Das war ein Hardcore-Unternehmerleben“, so Jörn Bethkenhagen.

Ein solches „Hardcore-Unternehmerleben“ gibt einem viel: Freude an der Arbeit, Gestaltungsspielraum, das gute und manchmal auch beflügelnde Gefühl, gemeinsam etwas bewegen zu können. Bei den Bethkenhagens kommt der wirtschaftliche Erfolg hinzu. Sie ergänzen sich gut, das Unternehmen wächst weiter, beschäftigt zwischen 35 und 40 Mitarbeiter. Manchmal fühlt es sich fast an wie eine große Familie. „Viele der Mitarbeiter waren seit Jahren bei uns“, erzählt Jörn Bethkenhagen. „Natürlich kennt man die dann auch privat, weiß um die Probleme und Schicksale.“

Das „Hardcore-Unternehmerleben“ hat aber auch einen Preis. Es kostet viel Kraft. Immer gibt es irgendwelche Probleme zu lösen. Immer fühlt man sich verantwortlich: für das Unternehmen und seine Mitarbeiter, für den nächsten Jahresabschluss und den nächsten Großauftrag. Die Zeit ist knapp. Das Privatleben kommt zu kurz. Wenn man wie die Bethkenhagens auch abends beim Zähneputzen noch über die Firma redet, bleibt wenig Zeit für andere Dinge.

Beides, das Schöne und das Anstrengende, das Erfüllende und das Ermüdende, muss sich die Waage halten. Nicht an jedem Tag oder in jedem Monat, nicht einmal in jedem Jahr. Unternehmer sind es gewohnt, auch schwierige Phasen zu überstehen. Aber doch unter dem Strich. Sonst kippt etwas.

Bei den Bethkenhagens brachten gleich mehrere Dinge die Balance durcheinander und sorgten dafür, dass das Gesamtpaket nicht mehr stimmte. Es handelte sich um Dinge, die unserer Erfahrung nach viele Unternehmer beschäftigen. Deshalb sind die Bethkenhagens ein so gutes Beispiel. Und deshalb haben wir uns entschieden, dieses erste Kapitel des Buches mit ihrer Geschichte zu beginnen.

Fragt man Jörn Bethkenhagen, wann etwas in ihm zu arbeiten begonnen habe, kann er den Zeitpunkt sehr präzise benennen. Los ging es mit einem bürokratischen Ungetüm: der EU-Verordnung 2017/746. Sie wird am 5. April 2017 vom Europäischen Parlament und dem Rat der Europäischen Union beschlossen. Die Verordnung regelt das Inverkehrbringen, die Bereitstellung und die Inbetriebnahme von In-vitro-Diagnostika. Kurz: Es geht um die Reglementierung von Medizinprodukten, die zur Untersuchung von Blut, Urin oder Gewebe verwendet werden. Das betrifft auch die Produkte der Bethkenhagens.

Das Ziel der Verordnung kann Jörn Bethkenhagen durchaus nachvollziehen. Hohe Sicherheitsstandards sollen das Leben und die Gesundheit der Patienten schützen. In der Praxis aber, sagt er, hätten die Regelungen zu einem Wust an Bürokratie geführt. Er empfindet das als immer belastender. Ändern aber kann er wenig. Der Countdown läuft. Fünf Jahre Übergangsfrist hat die EU den Unternehmen eingeräumt. Bis dahin müssen auch die Bethkenhagens alle Vorgaben der Verordnung erfüllen.

In diesen fünf Jahren geht es um kaum etwas anderes. Die Bethkenhagens müssen mehrere Klimaschränke kaufen, um Haltbarkeitsstudien bei unterschiedlichen Temperaturen durchzuführen. Die Berichte dazu füllen Aktenordner. Für die Kapillare, die seit 20 Jahren immer in der gleichen Art und Weise verpackt und ausgeliefert wurden, müssen nun aufwendige Transportvalidierungen erstellt werden. Dann kommen externe Prüfer, um Audits durchzuführen. Etwas zu beanstanden finden sie immer. „Man hat sich dabei manchmal wie ein Schuljunge gefühlt", sagt Jörn Bethkenhagen.

In dieser Zeit spürt er, dass ihm die Arbeit immer weniger Freude bereitet. Die aus seiner Sicht ausufernde Bürokratie lässt kaum noch kreativen Spielraum. Manchmal denkt Jörn Bethkenhagen: Ich bin doch nicht Unternehmer geworden, um Aktenberge und endlose Excel-Sheets zu produzieren.

Es kommt aber noch etwas anderes hinzu: Der Stress setzt auch seinem Körper zu. Immer wieder hat er Magenprobleme. Dann auch noch einen Hörsturz. Einmal sitzt Jörn Bethkenhagen in einer Besprechung und merkt, dass er dem Gespräch gar nicht richtig folgen kann. In solchen Situationen beginnt er sich zu fragen, wie lange er noch so weitermachen kann, ohne seine Gesundheit ernsthaft zu gefährden. Und es poppen noch grundsätzlichere Fragen auf: Was ist ihm überhaupt wichtig im Leben? Womit will er die nächsten Jahre verbringen?

Der dritte Grund, der am Ende zur Entscheidung führt, das Unternehmen zu verkaufen, ist die fehlende Aussicht auf eine Nachfolge innerhalb der Familie. Der Sohn von Jörn Bethkenhagen hat zwar Interesse. Doch Jörns Vater, der mit seinem Verfahren zur Herstellung von Kontrollblut den Grundstein für das Unternehmen gelegt hat, kann sich mit der Idee aus unterschiedlichen Gründen nicht anfreunden. Auch wenn sie sich 2011 aus dem operativen Geschäft zurückgezogen haben, sind der Vater und der Bruder von Jörn Bethkenhagen noch immer Miteigentümer. Einer Nachfolgeregelung müssten daher alle zustimmen.

Zu der Entscheidung, das Unternehmen zu verkaufen, hat also eine Mischung aus unterschiedlichen Gründen geführt. Auch das ist nicht ungewöhnlich. Selten gibt nur ein Grund den Ausschlag, meist spielen mehrere Faktoren zusammen, die sich gegenseitig verstärken und bei den Bethkenhagens 2022 schließlich zu dem Entschluss führen, den Verkauf des Unternehmens anzugehen.

Wie es bei den Bethkenhagens anschließend weiterging, werden Sie im Laufe der nächsten Buchkapitel noch erfahren. An dieser Stelle aber wollen wir unseren Blick zunächst etwas weiten und ihr Beispiel auf Basis unserer langjährigen Erfahrung in einen größeren Kontext setzen.

Warum also verkaufen Unternehmer ihre Unternehmen? So unterschiedlich die Gründe im Einzelnen auch sein mögen, lassen sie sich aus unserer Sicht doch fast immer einer von vier Kategorien zuordnen. Gehen wir sie einmal durch!

Nicht nur eine Frage des Alters: Warum Unternehmer ihre Unternehmen verkaufen

Alter und fehlende Nachfolge

In die erste Kategorie fallen alle Gründe, die damit zu tun haben, dass Unternehmer älter werden, so wie alle anderen Menschen auch – und oft kein Nachfolger in Sicht ist. Das wird Sie wahrscheinlich nicht überraschen. Immer wieder liest man von Nachfolgeproblemen, gerade im Mittelstand. Das Ausmaß der Entwicklung ist aber gewaltig. Bereits jetzt sind mehr als die Hälfte aller mittelständischen Unternehmer in Deutschland laut einer KfW-Umfrage 55 Jahre oder älter. Zum Vergleich: Vor 20 Jahren waren es lediglich 20 % (vgl. KfW, 2025, S. 4). Ihr Anteil hat sich verdreifacht.

Ein Grund: Wenn Unternehmer keine Kinder haben oder die Kinder das Unternehmen nicht übernehmen wollen oder können, tendieren die Unternehmer oft dazu, erstmal weiterzumachen, solange es irgendwie geht. Das Problem der Nachfolgeregelung wird verdrängt und oft viel zu spät angegangen. Die KfW-Analyse kommt zu dem Ergebnis, dass diejenigen Unternehmer, die kurzfristig einen Nachfolger suchen, im Schnitt über 65 Jahre alt sind (vgl. KfW, 2025, S. 1).

Natürlich fühlen sich viele ältere Unternehmer noch fit und gesund. Und tatsächlich gibt es die Beispiele von hochbetagten Familienpatriarchen, die mit fast unmenschlicher Kraft, mutigen Ideen und viel Erfahrung ein Unternehmen auch dann noch erfolgreich führen, wenn andere längst in Rente sind. Die Regel ist das aber nicht. So sinkt beispielsweise die Investitionsbereitschaft von Unternehmern mit zunehmendem Alter massiv. Die KfW-Daten kommen in dieser Hinsicht zu einem eindeutigen Ergebnis. Während im langjährigen Mittel etwa 57 % der jüngeren Inhaber unter 40 Jahren Investitionen vornehmen, sinkt dieser Anteil bei den älteren Inhabern über 60 Jahre auf nur 36 % (vgl. KfW, 2021, S. 4). Das wirkt sich früher oder später auch auf die Wettbewerbsfähigkeit der Unternehmen aus.

Spürt man es selbst, wenn man anfängt, allmählich abzubauen? Ein guter Bekannter von uns hat einmal gesagt: Mit 50 merkt man, dass man älter wird. Mit 60 merken es auch die anderen. Mit 70 merken es nur noch die anderen, weil man es selbst nicht wahrhaben will.

Natürlich ist das übertrieben. Aber ein wahrer Kern steckt doch drin. Wer erlebt hat, wie die eigenen Eltern alt geworden sind, hat vielleicht auch festgestellt, dass sie etwas schrulliger, langsamer oder sturer geworden sind. Es wäre überheblich anzunehmen, dass das Alter uns selbst nichts anhaben kann – und wir auch noch mit 70 in der Lage sind, diese Veränderungen realistisch einzuschätzen.

Das ist der erste Grund, weshalb wir unseren Mandanten in der Regel empfehlen, mit dem Verkauf nicht zu lange zu warten. Es gibt aber auch noch einen zweiten Grund: Der Markt wird sich für die Verkäufer in den nächsten Jahren nicht zum Besseren entwickeln. Das hat mit der Demografie zu tun. Die Generation der Baby-Boomer verabschiedet sich nach und nach in den Ruhestand. Die nachfolgende Generation ist nicht nur zahlenmäßig kleiner, sie tickt auch anders und legt mehr Wert auf eine gesunde Work-Life-Balance. Oft bevorzugen Menschen aus dieser Generation eine abhängige Beschäftigung, die mit weniger Stress verbunden ist. Wenn sie doch Unternehmer werden wollen, spielt die Selbstverwirklichung eine große Rolle. Viele gründen daher lieber selbst, anstatt zu übernehmen, was jemand anders ohne ihre Beteiligung aufgebaut hat.

Das Ergebnis: Schon jetzt gibt es deutlich mehr Unternehmen, die zum Verkauf angeboten werden, als es potenzielle Käufer gibt. Das muss einen nicht über die Maßen beunruhigen. Ein profitables und gesundes mittelständisches Unternehmen wird immer einen Käufer finden. Neben übernahmewilligen Einzelpersonen kommen ja auch noch ganz andere Käufergruppen infrage. Darauf werden wir in Kap. 5 noch genau eingehen. Klar ist aber, dass sich der Markt künftig noch stärker zu einem Käufermarkt entwickeln wird. Auch aus diesem Grund ist Abwarten normalerweise keine Strategie, die sich auszahlt.

Veränderungen am Markt

Kommen wir zur zweiten Kategorie von Gründen, die uns in der Praxis immer wieder begegnen und die auch bei den Bethkenhagens eine Rolle spielten. Sie erinnern sich: Jörn Bethkenhagen haderte ausgelöst durch die EU-Verordnung zunehmend mit der Bürokratie. So oder ähnlich geht es auch anderen Unternehmern. Nicht immer ist es zwangsläufig die Bürokratie, die dazu führt, dass sie nicht mehr die gleiche Freude an ihrer Arbeit empfinden. Manchmal ist es auch der zunehmende Preisdruck in der Branche. Oder die Digitalisierung, die zwar vieles effizienter, aber manches auch kühler und anonymer macht.

Was auch immer es genau ist: Gemeinsam haben diese Gründe, dass Veränderungen am Markt dahinterstecken, gegen die man sich nur schwer stemmen kann. Weder gegen eine zunehmende Reglementierung noch gegen einen schärferen Preiskampf in der Branche lässt sich als einzelner Unternehmer viel ausrichten. Entweder akzeptiert man diese Veränderungen und lernt, mit ihnen zu leben und umzugehen. Oder man beschließt, dass man das nicht mehr will – und zieht daraus die Konsequenzen.

Die Lust auf etwas Neues

Die dritte Kategorie an Gründen rührt etwas tiefer. An einem gewissen Punkt im Leben fragen wir uns alle: Was habe ich eigentlich noch vor mit der mir verbliebenen Zeit? Was macht mir wirklich Freude? Was möchte ich unbedingt noch machen? Häufig tauchen diese Fragen verstärkt auf, wenn man auf sich selbst zurückgeworfen wird. Wenn man zum Beispiel während der Corona-Krise plötzlich alleine im Home-Office sitzt und die Welt um einen herum stillzustehen scheint. Oder wenn einen – so wie bei Jörn Bethkenhagen – ein Hörsturz daran erinnert, dass die Gesundheit keine Selbstverständlichkeit ist und unser aller Leben endlich. Will man mit seiner Frau auch die nächsten Jahre noch beim Zähneputzen über die Firma reden? Oder lieber die Welt bereisen, ohne Laptop auf dem Schoß?

Oft ist es gar nicht so leicht, Antworten auf diese Fragen zu finden. Wenn das Unternehmen so lange einen zentralen Platz im eigenen Leben eingenommen hat, fällt es schwer, sich ein völlig anderes Leben vorzustellen. Wer ist man dann? Was macht man mit all der Zeit, wenn keine Meetings und Mitarbeitergespräche mehr anstehen? Manche Unternehmer denken darüber erst nach, wenn dieses Kapitel ihres Lebens abgeschlossen und endlich Zeit vorhanden ist, sich über das nächste Kapitel in Ruhe Gedanken zu machen. Bei anderen ist es ein Prozess, der in dem Moment beginnt, in dem sie einen Verkauf zum ersten Mal in Erwägung ziehen. Manchmal ist es aber auch andersherum. Dann schiebt sich etwas Neues in das Leben eines Unternehmers – und triggert den Abschied vom Alten.

Das Neue verdrängt das Alte: Wie Guido Hiller vom Seriengründer zum Fachhochschullehrer wurde

Um das etwas zu konkretisieren, möchten wir an dieser Stelle noch eine zweite Unternehmergeschichte erzählen. Und zwar die von Guido Hiller. 1999 hat er die Ingenieurgesellschaft für Energie- und Automatisierungstechnik gegründet, kurz IGEA. Das Unternehmen baut Maschinen, und zwar Sonderanfertigungen. Hillers Augen leuchten, wenn er von den Maschinen erzählt. Ein Kunde braucht zum Beispiel eine Maschine, die einen Kaffeevollautomaten montieren soll. Eine solche Maschine gibt es aber noch nicht. Also beauftragt er Hiller. „Da setzen Sie sich im Grunde mit einem weißen Blatt Papier hin und überlegen erstmal, wie das funktionieren könnte", erzählt er. „Für einen Ingenieur ist das ein absoluter Traumjob."

Hiller gründet 2009 noch ein zweites Unternehmen. Es ist damals eine gute Gelegenheit. Ein Maschinenbauer, bei dem betriebswirtschaftlich einiges schiefgelaufen ist, muss Insolvenz anmelden. Hiller aber sieht das Potenzial. Das Unternehmen ist unter anderem Marktführer für Maschinen zur Herstellung von Staubsaugerbeuteln. Zu den Kunden gehören Unternehmen wie Miele oder Vorwerk. Also übernimmt er Teile des Unternehmens und gründet dafür eine neue Firma, Derberg Mechanical Systems (DMS). Hiller kann nun noch mehr und größere Maschinen bauen.

Zu diesen Maschinen gehören auch Ventilautomaten. Ist Ihnen schonmal aufgefallen, dass sich in Kaffeeverpackungen kleine Aromaschutzventile befinden, durch die Kohlendioxid und andere Gase entweichen können? Hiller baut die Maschinen, die diese Ventile auf der Packung befestigen. Dann erfährt er, dass die Hersteller immer wieder Probleme mit den Ventilen selbst haben. Also gründet er 2012 eine dritte Firma, die Norddeutsche Fertigungstechnik (NFT). Sie produziert schon bald rund 80 Mio. Aromaschutzventile pro Jahr.

Hiller, der Ingenieur, der so gerne Maschinen baut, leitet nun drei Firmen mit insgesamt rund 50 Mitarbeitern. Im Zweifel ist er nicht nur für sie verantwortlich, sondern auch für die Fehler, die sie machen. Natürlich kann er nicht alles kontrollieren. Das weiß er. Aber er ist eben auch ein Perfektionist. Dinge zu delegieren, das sagt er selbst, war nie seine größte Stärke. Hiller ist deshalb auf viel zu vielen Baustellen gleichzeitig unterwegs. Hinzu kommen andere Punkte, die wir schon angeschnitten haben: die Bürokratie, der Preisdruck – es macht ihm immer weniger Spaß.

Gleichzeitig schiebt sich unerwartet etwas Neues in sein Leben. Die Fachhochschule Bielefeld fragt Hiller, ob er sich nicht vorstellen könne, am Fachbereich Elektrotechnik den Bereich der Steuerungs- und Automatisierungstechnik aufzubauen. Hiller unterrichtet nun auch noch Studierende und merkt, wie viel Freude es ihm bereitet, sein Wissen weiterzugeben – dass es das ist, was er eigentlich machen möchte. Und so führt der Lehrauftrag schließlich dazu, dass er die Entscheidung trifft, seine Unternehmen zu verkaufen.

Die Aussicht auf viel Geld

Für viele Unternehmer ist die Firma ihr Lebenswerk. Das Geld allein war meist nicht die treibende Kraft. Trotzdem ist der Moment, in dem sie zum ersten Mal ernsthaft durchspielen, was ein Verkauf einbringen könnte, nicht zu unterschätzen. Manche können es kaum glauben, bald vielleicht tatsächlich ein paar Millionen auf dem Konto zu haben. Andere malen sich aus, was für ein Leben sie damit führen könnten. Am Ende ist es immer auch eine Bestätigung, dass das, was man geschaffen hat, einen Wert hat.

Take-aways Ein Raster zum Selbsttest und drei Dinge, die wir Ihnen mit auf den Weg geben wollen

Wie die Geschichte von Guido Hiller weitergeht, werden Sie in den nächsten Kapiteln ebenfalls noch erfahren. Zunächst aber fassen wir alle vier Kategorien in einem Raster zusammen (s. Abb. 1.1). Wenn Sie selbst mit dem Gedanken spielen, Ihr Unternehmen zu verkaufen, können Sie es auch als Selbsttest verwenden – und mithilfe der Fragen einmal durchgehen, welche Kategorien von Gründen in Ihrer Situation eine wichtige Rolle spielen.

Natürlich wissen wir, dass ein solches Raster und auch die Beispiele aus der Praxis nur Impulse und Anregungen sein können. Die Entscheidung, ob man verkaufen möchte, ist ein individueller Prozess, der Zeit braucht und den Ihnen niemand abnehmen kann. Drei Dinge aber möchten wir Ihnen zum Ende des Kapitels noch mit auf den Weg geben:

Alter und fehlende Nachfolge

- Bin ich in einem Alter, in dem ich etwas kürzer treten sollte?
- Merke ich, dass ich nicht mehr so viel Kraft habe, weniger investiere als früher oder gesundheitliche Probleme eine größere Rolle spielen?
- Fehlt mir die realistische Aussicht auf einen Nachfolger?

Veränderungen am Markt

- Merke ich, dass mir die Arbeit weniger Freude macht?
- Gibt es Veränderungen am Markt, die dazu beitragen – etwa zunehmende Bürokratie, härterer Preiskampf oder die fortschreitende Digitalisierung?
- Habe ich häufiger das Gefühl, dass mir alles zu viel wird?

Die Lust auf etwas Neues

- Frage ich mich öfter, was ich in der mir bleibenden Lebenszeit noch machen möchte?
- Habe ich das Gefühl, dass es an der Zeit ist für etwas Neues?
- Habe ich eine Vorstellung davon, was das Neue sein könnte?

Die Aussicht auf viel Geld

- Habe ich in letzter Zeit überlegt, wie viel Geld ich wohl für meine Firma bekommen könnte?
- Wären ein paar Millionen auf dem Konto beruhigend?
- Male ich mir aus, was ich damit für ein Leben führen könnte?

Abb. 1.1 Die vier Kategorien an Gründen für einen Unternehmensverkauf

1. Selbst wenn Sie noch nicht ganz sicher sind, ob Sie Ihr Unternehmen wirklich verkaufen wollen, überlegen Sie doch einmal, ob und wie es ohne Sie funktionieren würde. Manchmal stellen wir Unternehmern dazu eine ganz einfache Frage: Wie lange könnten Sie Ihrem Unternehmen fernbleiben, ohne dass es Schaden nimmt – und zwar ohne Internet und Telefon? Der Grund ist simpel: Ein Unternehmen, das vom Unternehmer so abhängig ist, dass es ohne ihn schnell in Schwierigkeiten kommt, lässt sich schwerer verkaufen. Was nützt es einem Käufer beispielsweise, wenn die Auftragsbücher gut gefüllt sind, mit dem Unternehmer aber der einzige von Bord geht, der diese Aufträge über sein Netzwerk an Land ziehen kann?

   Wenn Sie also noch etwas Zeit haben und erst in ein paar Jahren verkaufen möchten, stellen Sie trotzdem schon heute die Weichen dafür, dass das Unternehmen auch ohne Sie funktioniert. Das wird sich später für Sie auszahlen.
2. Wenn Sie merken, dass Sie innerlich noch nicht bereit sind, das Unternehmen loszulassen, lassen Sie es! Immer wieder treffen wir auf Unternehmer, die zwar sagen, dass sie verkaufen wollen – auch, weil sie wissen, dass das eigentlich notwendig ist und von ihrem Umfeld erwartet wird. Tief in ihrem Herzen wollen sie das aber noch gar nicht.

Manchmal verlangen sie einen so unrealistischen Preis, dass ein Scheitern des Verkaufs absehbar ist, nur um dann sagen zu können: Ich habe es ja versucht, nur leider ohne Erfolg. Damit ist niemandem geholfen. Seien Sie lieber ehrlich, vor allem zu sich selbst. Wenn Sie noch nicht verkaufen wollen, dann ist das so. Es ist Ihre Entscheidung.
3. Fragen Sie sich, was Sie nach dem Verkauf Ihres Unternehmens mit Ihrem Leben machen würden. Sie müssen nicht den Kilimandscharo besteigen oder zum Weltretter werden. Aber eine realistische Idee davon, was auf das Unternehmerleben folgen soll, erleichtert den Abschied und Übergang. Kerstin und Jörn Bethkenhagen wussten, dass sie nach all den Jahren harter Arbeit gemeinsam durch die Welt reisen wollten, nach Australien zum Beispiel. Guido Hiller war klar, dass er sein Ingenieurs-Wissen an der Fachhochschule weitergeben möchte.

Überlegen Sie doch mal: Was wäre das Neue für Sie?

Literatur

KfW. (2021). Warum Unternehmen (nicht) investieren. https://www.kfw.de/PDF/Download-Center/Konzernthemen/Research/PDF-Dokumente-Fokus-Volkswirtschaft/Fokus-2021/Fokus-Nr.-357-November-2021-Investitionshemmnisse.pdf. Zugegriffen: 24. Juni 2026.

KfW. (2025). Nachfolge-Monitoring Mittelstand 2024: Jedes vierte Unternehmen denkt über Geschäftsaufgabe nach – Alter ist Hauptgrund. https://www.kfw.de/PDF/Download-Center/Konzernthemen/Research/PDF-Dokumente-Fokus-Volkswirtschaft/Fokus-2025/Fokus-Nr.-481-Januar-2025-Nachfolge.pdf. Zugegriffen: 24. Juni 2026.

2

Das Team

Wen Sie an ihrer Seite brauchen, damit es klappt – und warum ein Alleingang keine gute Idee ist

Wer es geschafft hat, erfolgreich ein Unternehmen aufzubauen, kennt dieses Unternehmen besser als jeder andere. Oft sind Unternehmer auch gute Verkäufer. Sie wissen, wie man die eigenen Produkte ins richtige Licht rückt, kennen den Markt und können Menschen begeistern. Warum also sollen sie nicht auch ihr Unternehmen selbst verkaufen können? Sind sie mit all ihrem Wissen nicht sogar der beste Verkäufer ihres eigenen Lebenswerks?

Diese Fragen sind berechtigt. Und immer wieder kommen Unternehmer zu uns, die es alleine versucht haben. Einen von ihnen haben Sie bereits im ersten Kapitel dieses Buches kennengelernt: Guido Hiller, der Ingenieur, der so gerne Maschinen baut, insgesamt drei Unternehmen gegründet hat – und heute an einer Fachhochschule lehrt.

L. Harten, T. Salzmann, *Unternehmensverkauf für Inhaber*,
https://doi.org/10.1007/978-3-658-52762-4_2

Lieber kein Alleingang: Warum Unternehmer am Unternehmensverkauf auf eigene Faust scheitern

Zu hoher Aufwand und zu wenig Erfahrung

Der erste Grund, weshalb Unternehmer den Versuch, ihr Unternehmen auf eigene Faust zu verkaufen, oft wieder abbrechen, ist: Es wird ihnen einfach zu viel. Sie merken auch, dass ihnen die Erfahrung fehlt, um schnell einschätzen zu können, mit welchen Interessenten es sich überhaupt zu reden lohnt. Das kostet noch mehr Zeit. Im schlimmsten Fall kann darunter sogar ihre eigentliche Arbeit als Unternehmer leiden. Ein Unternehmen nicht nur zu leiten, sondern es nebenbei auch noch selbst verkaufen zu wollen, ist aus unserer Sicht meist keine gute Idee.

Aufwendiger als gedacht: Warum Guido Hiller den ersten Versuch, sein Unternehmen zu verkaufen, abbrach

Nachdem Guido Hiller den Entschluss gefasst hatte, seine Unternehmen zu verkaufen, stieß er schnell auf die Unternehmensbörse nexxt-change. Die Idee dahinter ist einleuchtend: Unternehmer, die einen Nachfolger suchen, werden mit potenziellen Existenzgründern zusammengebracht. Betrieben wird die Börse vom Bundesministerium für Wirtschaft und Energie, zusammen mit weiteren seriösen Partnern wie der KfW Bankengruppe und dem Deutschen Industrie- und Handelskammertag. Warum es also nicht einfach mal probieren? In der Theorie ist so eine Börse tatsächlich für alle Beteiligten hilfreich: Die einen können ein funktionierendes Unternehmen übernehmen. Die anderen geben ihr Unternehmen mit einem guten Gefühl an die nächste Generation weiter.

So richtig und wichtig Börsen wie nexxt-change sind: In der Praxis ist es dann doch oft komplizierter. Guido Hiller ist dafür ein gutes Beispiel. Seine erste Herausforderung besteht damals darin, dass er auf der Börse nicht gleich alle Informationen zum Unternehmen preisgeben möchte. Das ist verständlich. Seine Kunden und Mitarbeiter sollen noch nicht wissen, dass er vorhat, zu verkaufen. Wozu unnötig Unruhe ins Geschäft bringen? Also teilt Guido Hiller auf der Börse zunächst nur ein paar allgemeine Informationen, die Branche, die Region und die ungefähre Unternehmensgröße. Diese Diskretion ist ihm wichtig.

Bald darauf trudeln die ersten Anfragen ein. Die Interessenten haben verständlicherweise viele Fragen. Was genau macht das Unternehmen? Wer sind die Kunden? Welches Know-how sollte man als künftiger Unternehmenschef mitbringen? Also lässt Guido Hiller sie im ersten Schritt eine Vertraulichkeitsvereinbarung unterzeichnen. Um anschließend nicht alle Fragen einzeln beantworten zu müssen, erstellt er ein Exposé mit den wichtigsten Informationen zum Unternehmen.

Guido Hiller macht eigentlich alles richtig. Trotzdem gibt es weitere Nachfragen und neue Anfragen, die alle beantwortet werden müssen. Das ist viel Arbeit – und oft führt sie zu nichts. Einige der Interessenten melden sich irgendwann gar nicht mehr. Bei anderen wird klar, dass sie das Geld für eine Übernahme weder haben noch beschaffen können.

Für Guido Hiller ist das nicht nur frustrierend. Es raubt ihm auch Zeit, die er eigentlich nicht hat. Wir erinnern uns: Er leitet damals drei Unternehmen mit insgesamt 50 Mitarbeitern. Zudem lehrt er bereits an der Fachhochschule. Alles, was mit dem geplanten Unternehmensverkauf zu tun hat, kommt nun noch obendrauf.

Viele Unternehmer, die ihr Unternehmen selbst verkaufen wollen, machen diese Erfahrung: Eigentlich wollen sie verkaufen, um künftig etwas kürzer treten zu können. Stattdessen aber entsteht noch mehr Arbeit. Diese Arbeit können sie auch schlecht delegieren, denn die eigenen Mitarbeiter sollen noch nichts von ihren Plänen wissen.

Zu hohe emotionale Belastung

Der zweite Grund, weshalb Unternehmer den Versuch, ihr Unternehmen auf eigene Faust zu verkaufen, oft abbrechen, ist: Sie merken, dass der Prozess sie emotional belastet – und dass das von der Gegenseite ausgenutzt wird. Auch starke Unternehmerpersönlichkeiten können in einer solchen Situation zum Opfer von Vollprofis werden. Sie werden erst geködert – und dann mürbe gemacht.

Natürlich heißt das nicht, dass es nicht auch mal auf eigene Faust klappen kann. Wer es wirklich alleine versuchen will, sollte sich aber vorher klar machen, welche zeitliche und emotionale Belastung damit verbunden ist. Unsere Erfahrung ist, dass viele Unternehmer beides zunächst unterschätzten, genau wie das Risiko, von Vollprofis übervorteilt zu werden. Wer wie die meisten Unternehmer nur einmal im Leben solche Verhandlungen führt, kann als Einzelkämpfer einem ganzen Team von Spezialisten nur schwer die Stirn bieten.

Erst geködert, dann mürbe gemacht: Was wir aus der Geschichte von Thomas Stevens lernen können

Es gibt aber durchaus Unternehmer, die auf eigene Faust ziemlich weit kommen, in vielversprechende Verkaufsgespräche einsteigen – und dann doch in einem Alptraum landen. Thomas Stevens ist so ein Unternehmer. Weil sie ihn bisher noch nicht kennengelernt haben, möchten wir ihn an dieser Stelle zunächst kurz vorstellen.

Seine Geschichte als Unternehmer beginnt, als Thomas Stevens Ende 20 ist und als angestellter Manager für Thyssen Krupp arbeitet. So richtig glücklich ist er dort aber nicht. Oft fühlt er sich unterfordert. Seine Chance kommt, als Thyssen Krupp die Städtler + Beck GmbH übernehmen will, einen kleinen Spezialisten für Prüf- und Absperrtechnik für Kanal- und Gasleitungen. Der Gründer geht damals schon auf die 70 zu und will verkaufen. Eine Übernahme durch Thyssen Krupp ist ihm aber nicht ganz geheuer. Er fürchtet, dass von seiner Firma innerhalb des Konzerns nicht mehr viel übrig bleibt. Also fragt er Thomas Stevens, ob der sich nicht selbst vorstellen könne, das Unternehmen zu übernehmen. Dieser kratzt sein Erspartes zusammen, kümmert sich um Kredite und Förderungen – und ist kurz darauf tatsächlich Unternehmer.

Zu den Produkten, die das Unternehmen anbietet, gehören beispielsweise Prüfgeräte, mit denen man testen kann, ob eine Leitung porös ist. Oder sogenannte Absperrblasen, mit denen Leitungen während einer Sanierung zuverlässig abgedichtet werden können. „Das ist eigentlich eine sehr kleine Branche", sagt Stevens, „aber wir haben es geschafft, als Unternehmen auch international mitzuspielen, waren in Russland und China und haben für große staatliche Konzerne wie Gazprom oder Beijing Gas gearbeitet." Das Unternehmen expandiert unter der Führung von Stevens. Gerade im Ausland wird es sehr geschätzt. Wenn Stevens in Russland ist, werden er und seine Mitarbeiter am Flughafen von Limousinen abgeholt und per Polizeieskorte an den Staus vorbei zu ihren Geschäftsterminen gebracht.

Nach über 20 Jahren als Unternehmer aber merkt Stevens, dass es nicht mehr so viel Spaß macht wie früher. Einige der Gründe haben Sie schon von anderen Unternehmern in Kap. 1 dieses Buches gehört. Der Markt verändert sich. Zertifizierungen spielen eine immer größere Rolle. Die Bürokratie nimmt zu. Gleichzeitig verschlechtern sich die politischen Beziehungen zu Ländern wie Russland oder China, in denen Stevens so gerne tätig war. Schließlich entscheidet er sich, zu verkaufen – und gerät an eine Investmentfirma, die ihm einen Kaufpreis in Aussicht stellt, der verlockend ist. Stevens steigt in die Verhandlungen ein.

Was dann folgt, ist ein emotionaler Ritt. Die Investmentfirma verlangt Unterlagen. Stevens liefert sie. Das Interesse ist immer noch groß. Der in Aussicht gestellte Kaufpreis soll nun aber doch ein wenig niedriger ausfallen. Stevens ist nicht begeistert. Andererseits sind es nur ein paar Prozent. Der Kaufpreis ist immer noch hoch. Also nimmt er es hin.

Das ist allerdings erst der Anfang. In den nun folgenden Verhandlungsrunden sitzt Stevens alleine vier oder fünf Managern der Investmentfirma gegenüber. Jeder von ihnen hat eine bestimmte Rolle. „Einer hat versucht, auch in angespannten Situationen die emotionale Verbindung zu mir zu halten, ein anderer hat ständig Druck gemacht", erinnert sich Stevens. Er selbst ist allein – und merkt zunehmend, wie er an seine Grenzen kommt. „Ich konnte ja schlecht entnervt den Raum verlassen und gleichzeitig sagen, das kriegen wir schon hin. Die waren mir in den Verhandlungen mit so vielen Leuten total überlegen."

Und so reduziert sich der Kaufpreis von Verhandlungsrunde zu Verhandlungsrunde weiter. Stevens ist zunehmend genervt. Aber er hat jetzt auch schon viel Zeit investiert und angefangen, sich sein neues Leben nach dem Verkauf auszumalen. Lässt man es dann noch an ein paar weiteren Prozenten scheitern? Genau darauf spekuliert die Investmentfirma. Die Verhandlungen ziehen sich über mehrere Monate. Irgendwann liegt der Kaufpreis nur noch bei etwas mehr als der Hälfte der ursprünglich genannten Summe. Stevens ist mit seinen Nerven am Ende und zieht die Reißleine. „Im Grunde habe ich denen gesagt: Ihr könnt mich mal. Jetzt ist Schluss. Ich rede nicht mehr mit euch."

Fehlendes Netzwerk

Ein dritter Grund: Oft werden nicht systematisch alle Käufergruppen in Betracht gezogen. Der Unternehmer verkauft dann vielleicht an den, den er schon lange kennt oder der ihn zufällig angeschrieben hat – und hat mögliche weitere Käufer, für die eine Übernahme aus strategischen Gründen eventuell noch deutlich wertvoller ist, gar nicht auf dem Schirm. Berater verfügen zwar über das nötige Netzwerk, kosten aber Geld. Und Unternehmer, die ihr eigenes Lebenswerk verkaufen, wollen schon sehr genau wissen, was jemand leistet, der daran mitverdient.

Wir selbst haben deshalb ein einfaches, klares und erfolgsorientiertes Konzept entwickelt: Wer uns beauftragt, zahlt ein monatliches Honorar, das so niedrig ist, dass es unsere eigenen Kosten nicht mal annähernd deckt. Erst wenn wir unsere Leistung erbracht und ein Unternehmen verkauft haben, wird eine Provision fällig. Glücklicherweise sind wir nicht die einzigen, die so arbeiten. Es gibt mittlerweile auch andere Spezialisten, die nicht gleich hohe Rechnungen stellen, sondern nach einem ähnlichen Prinzip entlohnt werden. Wir halten das für einen fairen Ansatz, der dafür sorgt, dass Berater und Kunden dasselbe Interesse haben: einen zügigen Verkauf zum bestmöglichen Preis.

Umsonst ist die Arbeit von uns und anderen Spezialisten natürlich dennoch nicht. Unter dem Strich aber zahlt sie sich für die Unternehmer fast immer aus – davon sind wir überzeugt. Nehmen wir einmal an, ein Unternehmen wird mithilfe eines Beraters für 1,5 Mio. € verkauft. Darauf wird eine Provision im unteren einstelligen Prozentbereich fällig, gehen wir für dieses Rechenbeispiel einmal von vier Prozent aus. Die Provision beträgt dann 60.000 €.

Die Frage ist also, ob der Transaktionsberater diese 60.000 € wert ist. Wir beantworten die Frage aus zwei Gründen mit ja. Erstens ist eine solche Provision für den Unternehmer deutlich besser, als übervorteilt zu werden. Dann nämlich geht es – wie das Beispiel von Thomas Stevens zeigt – schnell um viel mehr Geld. Zweitens werden bei einem Selbstverkauf – selbst wenn man Glück hat und einen fairen Verhandlungspartner erwischt – wie bereits erläutert nicht alle potenziellen Käufer berücksichtigt.

Was wir mit alldem sagen wollen: Der mit Abstand wichtigste Partner an ihrer Seite ist aus unserer Sicht ein Transaktionsberater, der den Prozess von Anfang bis Ende begleitet, dem Sie vertrauen können und der dieselben Interessen hat wie Sie. Das müssen nicht wir sein. Aber ein fairer und erfahrener Partner hilft Ihnen nicht nur, den bestmöglichen Kaufpreis zu erzielen. Er sorgt auch dafür, dass der Verkauf Ihres Unternehmens weder für Sie noch für Ihr Unternehmen zu einer übermäßigen Belastung wird.

Den richtigen Berater finden: Warum Unternehmer oft skeptisch sind

Warum es trotzdem so viele Unternehmer zunächst alleine versuchen wollen? Wie bereits beschrieben unterschätzen Unternehmer oft, was ein solcher Verkaufsprozess bedeutet, wie viel Zeit, Wissen und emotionale Ressourcen er erfordert. Hinzu kommt ein ganz praktischer Grund: Die meisten Unternehmer arbeiten am liebsten mit Menschen zusammen, die sie schon lange kennen und denen sie vertrauen. Zu ihrem Netzwerk gehören in der Regel aber keine Spezialisten für den Unternehmensverkauf.

Den richtigen Transaktionsberater zu finden, ist nicht immer einfach. Normalerweise arbeiten Sie als Unternehmer mit ihm über eine Zeitspanne von mehreren Monaten zusammen, es können auch ein oder zwei Jahre daraus werden. In dieser Zeit kann es auch zu angespannten und stressigen Situationen kommen. Wenn Verhandlungen zu scheitern drohen, ein Käufer kurz vor dem Notartermin doch noch abspringt oder die Unternehmensprüfung durch den Käufer unerfreuliche Dinge zutage fördert, ist das unangenehm. Umso wichtiger ist es, dass Sie in dieser Zeit einen Partner an Ihrer Seite haben, mit dem es auch menschlich passt. Damit meinen wir nicht, dass sie beste Freunde werden sollen. Aber gerade in intensiven Phasen zahlt es sich aus, wenn man miteinander kann, einander schätzt und ähnliche Vorstellungen von einer erfolgreichen Zusammenarbeit hat.

Dafür, wie man einen solchen Berater findet, gibt es kein Patenrezept. Wenn man aber schon beim Kennenlernen ein Störgefühl hat, sollte man das ernst nehmen. Unsere Erfahrung ist: Wenn es am Anfang nicht richtig passt, wird es im Laufe der Zeit auch nicht besser. Also im Zweifel lieber auf das eigene Bauchgefühl hören. So haben es auch Jörn und Kerstin Bethkenhagen gemacht, das Unternehmerpaar, das Sie aus dem ersten Kapitel kennen.

Die Suche nach dem Richtigen: Wie die Bethgenhagens den passenden Berater fanden

Nachdem die Bethkenhagens beschlossen hatten, ihr Unternehmen für medizinischen Laborbedarf zu verkaufen, besuchten sie in Düsseldorf eine Veranstaltung speziell für Unternehmer, die einen Nachfolger suchen. Dort lernten sie auch einen Transaktionsberater kennen. „Der hatte ein offensives Auftreten und hat sich nach der Veranstaltung immer wieder bei uns gemeldet", erzählt Jörn Bethkenhagen. Doch so richtig warm wurde er mit ihm nicht. Der Berater war ihm, nun ja, ein bisschen zu aufdringlich. Vor allem aber störte ihn, dass er das Gefühl hatte, seine eigenen Vorstellungen spielten nur eine untergeordnete Rolle. „Der Berater hat viel mit einem Modell gearbeitet, bei dem man als Unternehmer nach dem Verkauf noch mehrere Jahre an Bord bleibt und ein großer Teil des Kaufpreises erst anschließend fällig wird, vorausgesetzt, dass die Zahlen weiterhin stimmen."

Solche Earn-out-Klauseln sind nicht unüblich. Sie sollen den Verkäufer motivieren, weiterhin zum Erfolg des Unternehmens beizutragen. Dass Bethkenhagen das aber gar nicht wollte, schien bei dem Berater nicht anzukommen. So zumindest hat es Bethkenhagen empfunden. Für ihn war das ein Grund, sich weiter umzuschauen – und auf sein Bauchgefühl zu hören.

Bethkenhagen hat das Unternehmen dann mit unserer Hilfe verkauft – ganz ohne Earn-out-Klausel. Doch auch wir sind sicher nicht für jeden Unternehmer die Richtigen. Andersherum passt auch nicht jeder Unternehmer zu uns. Auch wir hören da im Zweifel auf unser Bauchgefühl.

Die beste Möglichkeit, um herauszufinden, ob die Chemie stimmt, ist aus unserer Sicht noch immer ein ausführliches Gespräch. Wir stellen dann die üblichen Fragen: Wie genau das Unternehmen Geld verdient, in was für einem Markt es operiert und wer die Kunden sind. Wir wollen aber auch wissen, was dem Unternehmer neben einem guten Kaufpreis noch wichtig ist. Manche wollen wie Jörn Bethkenhagen schnell einen Schlussstrich ziehen. Andere wünschen sich einen bestimmten Typ von Käufer. Das alles ist für uns die Basis, um eine Strategie entwerfen zu können. Genauso wichtig aber ist es uns, in einem solchen Gespräch ein Gefühl für den Menschen zu bekommen.

Wen man noch an seiner Seite braucht: Der spezielle Blick von Rechtsanwälten und Steuerberatern

Während ein Spezialist für Unternehmensverkäufe wie Everto den Prozess von Anfang bis Ende begleitet und dabei das große Ganze im Blick hat, empfehlen wir, an zwei Stellen des Verkaufsprozesses weitere Dienstleister einzubinden – allerdings mit einem klar umrissenen Mandat:

1. Wenn ein verbindliches Angebot vorliegt, sollten Sie einen Steuerberater zurate ziehen.
2. Wenn der Kaufvertrag ausformuliert wird, brauchen Sie einen auf solche Transaktionen spezialisierten Anwalt, der ihn kritisch prüft.

Das ist die kurze Antwort. Die lange ist etwas komplizierter. So sinnvoll es ist, einen Steuerberater und einen Anwalt einzubeziehen, so sehr versuchen wir, unsere Mandanten dafür zu sensibilisieren, dass diese Dienstleister einen sehr speziellen Blick einnehmen. Die Aufgabe eines Anwalts ist es beispielsweise, das Risiko für seinen Mandanten zu reduzieren. Ein Steuerberater möchte das, was Sie an den Fiskus abführen müssen, möglichst gering halten. Das ist ihre Aufgabe. Dafür werden diese Berufsgruppen bezahlt. Bei einem Unternehmensverkauf muss man allerdings aufpassen, dass ihre Sichtweisen nicht zu dominant werden und einen für beide Seiten guten Abschluss verhindern.

Was wir damit meinen, lässt sich am besten an einem Praxisbeispiel illustrieren. Vor einiger Zeit haben wir den Verkauf einer kleinen Eventagentur begleitet. Die Gespräche liefen gut, Käufer und Verkäufer hatten einen Draht zueinander entwickelt. Letzter Knackpunkt bei den Verhandlungen war wie so oft der Preis. Der Verkäufer wollte mindestens 1,8 Mio. € für das Unternehmen haben. Der Käufer aber wollte nur 1,4 Mio. € zahlen.

In solchen Situationen verstehen wir es als unsere Aufgabe, einen Kompromiss zu finden, der für beide Seiten tragbar ist. In diesem Fall sah er so aus: Käufer und Verkäufer einigen sich auf einen Preis von 1,65 Mio. €. Gleichzeitig gewährt der Verkäufer dem Käufer ein Darlehen über 250.000 €. Unter dem Strich muss der Käufer somit also erstmal nur jene 1,4 Mio. € aufbringen, die er zu zahlen bereit ist. Die restlichen 250.000 € zahlt er dem Verkäufer über das Darlehen später in Raten zurück.

Es war ein Kompromiss, mit dem sich beide Seiten grundsätzlich einverstanden erklärt hatten. Dann aber schaltete sich der Steuerberater des Verkäufers ein – und monierte, dass dieser dann ja sofort die 1,65 Mio. € versteuern müsse, obwohl er erstmal nur 1,4 Mio. € bekäme. Das ist aus steuerlicher Sicht tatsächlich ein berechtigter Punkt. Andererseits ist der Deal für den Verkäufer immer noch deutlich besser, als wenn der Kaufpreis bei nur 1,4 Mio. gelegen hätte. Der Steuerberater beurteilt eben nur die steuerlichen Auswirkungen. Das ist sein Job. Wenn das aber dazu führt, dass der mühsam ausgehandelte Kompromiss komplett infrage gestellt wird, ist am Ende niemandem geholfen.

Nachdem wir die Bedenken des Steuerberaters in ausführlichen Gesprächen mit dem Verkäufer wieder eingefangen hatten, kam dessen Anwalt ins Spiel. Weil es seine Aufgabe ist, die Risiken für seinen Mandanten zu minimieren, verlangte er, dass für den Kredit über 250.000 € vom Käufer Bankbürgschaften hinterlegt werden sollten. So wollte er sicherstellen, dass auch für den unwahrscheinlichen Fall einer Insolvenz des Käufers kein Ausfallrisiko für den Verkäufer besteht. Auch das ist nachvollziehbar. Im Ergebnis aber führte es dazu, dass die Gesprächsatmosphäre kippte und es dem Käufer zu viel wurde. Er kehrte dann zu seinem ursprünglichen Angebot von 1,4 Mio. € zurück.

Das Beispiel zeigt: Je mehr Beteiligte involviert sind, desto komplexer wird es – zumal die unterschiedlichen Beteiligten auch unterschiedliche Interessen haben. Der Verkäufer will einen möglichst hohen Preis, der Käufer einen möglichst niedrigen. Transaktionsberater wie wir sind vor allem daran interessiert, einen gangbaren Kompromiss für beide Seiten zu finden, auch weil sie ja erfolgsorientiert bezahlt werden. Dienstleister wie Anwälte und Steuerberater wiederum wollen Risiken und die steuerliche Belastung minimieren. Sie werden in der Regel auch nicht erfolgsorientiert bezahlt, sondern nach Aufwand. Im Klartext heißt das: Ein Anwalt, der durch seine Interventionen die Verhandlungen am Ende zum Platzen bringt, verdient auch daran sehr gut.

Führt man sich diese Interessenlagen vor Augen, lassen sich daraus mehrere Schlüsse ziehen:

1. Machen Sie den Kreis nicht unnötig groß. Wenn auf jeder Seite von Anfang an Anwälte und Steuerberater mit am Tisch sitzen, erhöht das nicht nur die Kosten. Eine Einigung wird auch unwahrscheinlicher. Beide Berufsgruppen sollten zwar eingebunden, ihre Einschätzungen aber nicht überbewertet werden. Ein Kompromiss ist immer ein Gesamtpaket. Wenn Anwälte oder Steuerberater sich zu sehr an einzelnen Stellen festbeißen, kann das Misstrauen beim Gegenüber auslösen und den gesamten Kompromiss gefährden.
2. Der Transaktionsberater hat natürlich auch ein Eigeninteresse. Er möchte, dass es zu einem Abschluss kommt. Gleichzeitig ist er aber wie der Verkäufer an einem hohen Kaufpreis interessiert. Je höher der Kaufpreis, desto höher fallt auch seine Provision aus. Deshalb sind die

Interessen von Transaktionsberatern und Verkäufern sehr ähnlich. Und deshalb raten wir Unternehmern – selbst wenn sie sich nicht für uns entscheiden –, einen Transaktionsberater als ersten Ansprechpartner zu wählen.

3. Transaktionsberater haben ein entsprechendes Netzwerk und können passende Interessenten finden. Sie können sicherstellen, dass Sie nicht übervorteilt werden. Sie sind auch gut darin, kreative Lösungen zu entwickeln, die Hindernisse in den Verhandlungen überbrücken können. Im Kern aber müssen sich Käufer und Verkäufer einig werden. Sie haben, das liegt in der Natur der Sache, unterschiedliche Interessen – und natürlich sollte jeder für seine kämpfen. Man sollte sich aber auch klar machen, dass ein Kompromiss nur möglich ist, wenn man dem Gegenüber auch mal entgegenkommt. Ansonsten drohen lange, erfolglose Verhandlungen, die nur die Anwälte glücklich machen.

3

Der Wert

Was man vorab mit welchen Methoden berechnen kann – und warum Sie schon mit einer Daumenregel ziemlich weit kommen

Wer ein Unternehmen verkauft, will verständlicherweise vor allem wissen: Was kriege ich am Ende raus? Diese Frage werden wir so gut es geht beantworten. Dabei aber gehen wir Schritt für Schritt vor. Im ersten Schritt geht es darum, wie man den *Unternehmenswert* berechnet. Das wird den größten Teil dieses Kapitels ausmachen. Erst im zweiten Schritt werden wir dann darauf eingehen, wie man von diesem Unternehmenswert zu einem *realistischen Kaufpreis* gelangt und warum das nicht das Gleiche ist.

Im dritten Schritt geht es um den *realisierten Kaufpreis,* also die Summe X, die tatsächlich auf dem Konto des Unternehmers landet. Normalerweise wird sie sich nicht erheblich vom errechneten, realistischen Kaufpreis unterscheiden. Es gibt aber durchaus Faktoren, die zu einer Abweichung führen können. Darauf möchten wir beispielhaft am Schluss dieses Kapitels eingehen. Am Ende – so hoffen wir – haben Sie einen guten Überblick, worauf es tatsächlich ankommt.

Das Erstaunliche ist: Wenn wir Unternehmer in einem Erstgespräch fragen, welche Vorstellung sie von dieser Summe X haben, lautet die Antwort oft: „Gar keine." Das stimmt natürlich in den meisten Fällen nicht. Irgendeine Vorstellung haben die Unternehmer fast immer. Manchmal

L. Harten, T. Salzmann, *Unternehmensverkauf für Inhaber*,
https://doi.org/10.1007/978-3-658-52762-4_3

ist es nur ein Bauchgefühl, manchmal Wunschdenken. Aber eine Summe spukt ihnen fast immer im Kopf herum.

Dass sie ihre Vorstellung oft nicht gleich nennen wollen, zeigt, wie sensibel das Thema ist – und welche Sorgen damit verbunden sind. Was, wenn ich einen zu niedrigen Preis nenne? Bin ich daran dann später gebunden? Und wirkt es andersherum nicht unverschämt oder naiv, wenn ich einen Preis nenne, der deutlich zu hoch angesetzt ist?

Manchmal entgegnen wir deshalb: „Gut, dann verkaufen wir Ihr Unternehmen eben für 100 €.“ Das ist natürlich nur ein Witz. Aber er kann helfen, die vorhandenen Vorstellungen aus den Unternehmern herauszukitzeln. Häufig wird dann auch klar, dass sie selbst schon Berechnungen angestellt haben. Manche folgen dabei Anleitungen aus dem Internet. Andere entwickeln eigene Methoden, die ihnen geeigneter erscheinen.

Fehlende Neutralität: Warum Unternehmer den Wert ihres Unternehmens meist nicht objektiv einschätzen können

Ein Beispiel ist der Ingenieur und Serienunternehmer Guido Hiller, den Sie schon in den vorherigen Kapiteln kennengelernt haben.

Es ist menschlich, davon auszugehen, was man für den Rest seines Lebens braucht: Wie Guido Hiller seine Wunschvorstellungen rationalisierte

Hiller macht etwas, das wir auch von anderen Unternehmern kennen. Er beginnt mit einer persönlichen Frage: Wie viel Geld brauche ich eigentlich für den Rest meines Lebens? Dazu legt er eine Tabelle an, in die er einträgt, was er pro Monat benötigt, berücksichtigt die Inflation und seine statistische Lebenserwartung. So kommt er dann auf eine Gesamtsumme. Den Unternehmensverkauf betrachtet er als eine Art persönliche Rentenversicherung.

Anschließend berechnet Hiller – mit einer Methode, die er sich selbst überlegt hat – den Wert von Werkzeugmaschinen, Produktionshallen, Grundstücken und bereits erteilten Aufträgen. Dies sind die Dinge, die für ihn greifbar sind – keine abstrakten, betriebswirtschaftlichen Kennzahlen. So kommt er dann ebenfalls auf eine Gesamtsumme. Das Ergebnis: Sie entspricht in etwa dem, was er sich als persönliche Absicherung für den Rest seines Lebens vorgestellt hat.

Wir erzählen diese kleine Anekdote, weil sie zeigt, warum wir Unternehmern davon abraten, solche Rechnungen selbst anzustellen. Es ist menschlich, zunächst davon auszugehen, was man selbst für den Rest seines Lebens benötigt oder sich wünscht – und diese Wunschvorstellung dann mit eigenen Berechnungen zu rationalisieren. Es zeigt aber auch, dass Unternehmer, die ein Unternehmen aufgebaut haben, meist nicht in der Lage sind, es selbst objektiv zu bewerten. Ihnen fehlen der neutrale Blick von außen und die Erfahrung. Wie sollte es auch anders sein?

Eine Unternehmensbewertung muss, damit sie ernst genommen wird, professionelle Standards erfüllen. Kreative Berechnungen der Marke Eigenbau führen weder zu einer realistischen Einschätzung des Unternehmenswerts, noch sind sie in Verhandlungen mit potenziellen Käufern hilfreich.

Wie aber sollte man dann vorgehen? Wie kommt man zu einer realistischen und fundierten Einschätzung? Darum wird es in diesem Kapitel gehen. Wichtig ist dabei, von Anfang an drei Dinge auseinanderzuhalten, die begrifflich leicht miteinander vermischt werden können, obwohl sie tatsächlich ganz Unterschiedliches meinen: den Unternehmenswert, den realistischen Kaufpreis und den realisierten Kaufpreis.

Der Unternehmenswert: Wie die Daumenregel funktioniert und wie weit Sie mit ihr kommen

Der Wert eines Unternehmens, das sei vorab gesagt, lässt sich nicht absolut objektiv berechnen. Es gibt keine mathematische Formel, in die man oben ein paar Zahlen hineinwirft und bei der unten ein klares Ergebnis herauskommt. Das liegt an unterschiedlichen Methoden, Bewertungsspielräumen und Gestaltungspotenzial.

In der einschlägigen Literatur werden Sie ausführliche Erklärungen zu einer ganzen Reihe von mehr oder weniger komplizierten Verfahren finden. Häufig genannt werden das Substanzwertverfahren, das Ertragswertverfahren, das Discounted-Cashflow-Verfahren und das Mittelwertverfahren. Die gute Nachricht: Sie müssen sich mit diesen Methoden nicht unbedingt auseinandersetzen. Bei der Bewertung von inhaber-

1 Substanzwertverfahren

ANSATZ
Diese Methode stellt die Frage, was es kosten würde, ein vergleichbares Unternehmen neu aufzubauen. Welche Maschinen müsste man kaufen? Was wäre der Preis für ein ähnliches Bürogebäude? Wie viel sind die Lagerbestände wert? Es werden also, vereinfacht ausgedrückt, schlicht die Vermögensgegenstände eines Unternehmens bewertet und addiert. Die Summe entspricht dann dem Unternehmenswert.

PROBLEM
Gerade immaterielles Vermögen ist nur schwer zu bewerten. Was ist das Netzwerk eines Unternehmers wert, das Know-how der Mitarbeiter oder ein Patent? In der Praxis kommt die Methode nur bei kapitalintensiven Unternehmen infrage – und auch hier markiert der Wert meist nur eine Untergrenze. Unternehmen sind eben mehr wert als die Summe ihrer Vermögensgegenstände.

2 Ertragswertverfahren

ANSATZ
Diese Methode stellt die Frage, mit wie viel Gewinn der Käufer in den nächsten Jahren rechnen kann – wie lange es also dauert, bis er den bezahlten Kaufpreis wieder raus hat. Beim klassischen Ertragswertverfahren werden dazu die künftigen Gewinne geschätzt und mit einem Zinssatz auf ihren heutigen Wert diskontiert. Der Unternehmenswert ist die Summe der künftigen, abgezinsten Gewinne.

PROBLEM
So sinnvoll der Ansatz ist: Künftige Gewinne seriös vorherzusagen, ist schwer. Natürlich kann man Excel-Tabellen erstellen, die die Gewinne der nächsten fünf Jahre auf die Nachkommastelle prognostizieren. Jeder Unternehmer aber weiß, dass die Realität oft eine andere ist. In der Praxis können sich Verkäufer und Käufer meist auf keine Gewinnerwartung einigen.

3 Discounted-Cashflow-Verfahren

ANSATZ
Im Kern funktioniert die Methode wie das Ertragswertverfahren. Es werden aber nicht die künftigen Gewinne geschätzt, sondern der zu erwartende Cashflow. Der Unterschied? Beim Kauf einer Maschine sinkt der Cashflow sofort um den vollen Betrag, während sie in der Gewinn- und Verlustrechnung über Jahre abgeschrieben würde. Für den Cashflow zählen nur zahlungswirksame Vorgänge.

PROBLEM
Auch hier geht es – wie beim Ertragswertverfahren – um künftige Werte, die sich in der Praxis nur sehr schwer vorhersagen lassen. Hinzu kommt, dass das Verfahren noch komplexer und aufwendiger ist.

4 Mittelwertverfahren

ANSATZ
Beim Mittelwertverfahren berechnet man den Substanzwert und den Ertragswert. In aller Regel kommen dabei unterschiedliche Ergebnisse heraus, der Mittelwert liegt – wie der Name sagt – irgendwo dazwischen. Man denke an ein Unternehmen mit wertvollen Maschinen (hoher Substanzwert), das künftig aber wenig Gewinn machen wird (niedriger Ertragswert). Das Verfahren ist ein Kompromiss.

PROBLEM
Ein Kompromiss zwischen zwei Methoden, die beide ihre Probleme mit sich bringen, löst diese Probleme nicht. Oft ist zudem umstritten, wie man Substanz- und Ertragswert gewichtet – wo genau die Mitte also liegt.

Abb. 3.1 Vier Methoden zur Berechnung des Unternehmenswerts

geführten, mittelständischen Unternehmen haben sie nämlich nur einen begrenzten Nutzen – und spielen in der Praxis kaum eine Rolle.

Wenn Sie wissen möchten, warum das so ist und was der grundlegende Ansatz hinter den Methoden ist: Wir haben die wichtigsten Infos in einem Schaubild für Sie aufbereitet. Abb. 3.1. zeigt vier Methoden zur Berechnung des Unternehmenswerts. Wenn Sie vor allem wissen wollen, wie es in der Praxis tatsächlich funktioniert, können Sie das Schaubild aber auch einfach überspringen und direkt weiterlesen.

Wie also geht man in der Praxis vor? Zunächst einmal sollten Sie verstehen, welche Kennziffer für den Unternehmenswert ausschlaggebend ist. Ist es der Umsatz, der Gewinn, der Cashflow oder das Vermögen? Wir möchten Ihnen auch das an einem Beispiel erläutern.

Kann ein kleines Handwerksunternehmer so viel wert sein? Wie der Unternehmer Horst Reteike intuitiv vieles richtig gemacht hat

Der Unternehmer, um den es hier geht, heißt Horst Reteike, ein eher anpackender, praktischer Typ, der sich nie viele Gedanken darüber gemacht hat, was den Wert eines Unternehmens ausmacht und wie man ihn berechnet. Bis heute wirkt er erstaunt, wenn er von der Summe erzählt, die er für sein Unternehmen bekommen hat: „Sie ist deutlich über das hinausgegangen, was ich mir vorgestellt hatte."

Horst Reteike hat viele Jahre als Handelsvertreter gearbeitet, vor allem im Heizungs- und Sanitärbereich. Dann kommen irgendwann Geräte dazu, die bei der Beseitigung von Wasserschäden zum Einsatz kommen: Trockner etwa oder Leckortungsgeräte. Reteike erkennt damals, dass Wasserschäden ein lukratives Segment sind, und fängt an, sie für Versicherungen zu begutachten. Später wird er gefragt, ob er die Schäden nicht auch beseitigen könne. Also schafft Reteike sich Trockengeräte an, bohrt Löcher, stemmt Wände auf. 2016 gründet er die RJC Trockner GmbH, spezialisiert auf das Beheben von Wasserschäden.

Kurz darauf meldet sich sein Sohn bei ihm. Er ist Garten- und Landschaftsbauer, aber nicht glücklich in seinem Beruf. Also steigt er in die väterliche Firma ein. Nach einer Weile, so erzählt es Reteike, habe sein Sohn „Blut geleckt". Er kommt früh ins Büro, arbeitet sich tief ein und drängt darauf, Mitarbeiter einzustellen. Die Firma wächst und auch das Geschäftsmodell verändert sich: Die Aufträge kommen nun vor allem von Hausverwaltungen, abgerechnet wird über die Versicherungen. Schließlich, 2021, steigt auch Reteikes zweiter Sohn mit ein. Aus dem Einzelunternehmer Reteike wird so nach und nach ein kleines Familienunternehmen.

Irgendwann aber wird es den Söhnen zu viel. Sie fangen morgens um fünf an zu arbeiten, oft sind sie erst spät abends wieder zu Hause. „Die waren einfach durch", sagt Reteike. Er selbst will auch nicht mehr so viel arbeiten. So kommt es 2023 zu dem Entschluss, die RJC Trockner GmbH zu verkaufen. Rund 16 Mitarbeiter hat sie damals. Es ist ein kleiner, gut laufender Handwerksbetrieb.

Damit kommen wir zurück zu unserer Ausgangsfrage: Wie ermittelt man den Wert eines solchen Unternehmens? Die RJC Trockner GmbH macht keine gewaltigen Umsätze. Sie liegen im niedrigen einstelligen Millionenbereich. Den Wert der Firma machen auch nicht die Trocken- oder Leckortungsgeräte aus. Entscheidend für den Unternehmenswert ist vor allem eine Größe: der Gewinn. Und der, darauf ist Reteike stolz, ist im Fall der RJC Trockner GmbH seit mehreren Jahren durchaus beachtlich.

Warum also der Gewinn? Versetzen Sie sich dazu in die Lage des Käufers. Er investiert eine große Summe – und will natürlich wissen, wie lange es dauert, bis diese sich voraussichtlich amortisiert hat. Das ist nicht viel anders als bei der Investition in eine Immobilie. Dort rechnen Investoren ja auch, wie viele Jahre es dauert, bis sie den Kaufpreis über die Mieten wieder eingespielt haben.

Das Problem: Gewinne lassen sich schlechter voraussagen als Mieten. Das ist – falls Sie Abb. 3.1 zu den Berechnungsmethoden gelesen haben – die Schwäche des Ertragswertverfahrens. Deshalb versucht man in der Praxis meist gar nicht erst, die künftigen Gewinne vor Zinsen und Steuern aufwendig zu schätzen. Man geht stattdessen davon aus, dass die Gewinne der vergangenen Jahre die beste Annäherung an die künftig zu erwartenden sind.

Um zu einer groben Einschätzung des Unternehmenswerts zu gelangen, brauchen Unternehmer daher keine Fachbücher zu wälzen oder einen teuren Berater zu beauftragen. Einen ersten, guten Anhaltspunkt bekommen sie schon über eine Daumenregel, die wir Ihnen im Folgenden in ihren Grundzügen vorstellen.

Man bildet zunächst den durchschnittlichen Gewinn vor Zinsen und Steuern (EBIT) der vergangenen drei Jahre. Dieser wird dann mit einem Faktor multipliziert. Man kann ihn sich als Maß dafür vorstellen, wie viele Jahre der Käufer bereit ist zu warten, bis sich seine Investition bei gleichbleibenden Gewinnen für ihn ausgezahlt hat. Das Unternehmen ist also das X-fache seines durchschnittlichen Jahresgewinns wert.

In aller Regel – das zeigt die Praxis – liegt dieser Faktor X zwischen 3,5 und 6,5. Ein Unternehmen, das im Schnitt einen Gewinn von 500.000 € pro Jahr macht, ist also fast immer zwischen 1,75 und 3,25 Mio. € wert. Liegt der Gewinn bei 3,0 Mio. €, liegt der Korridor entsprechend zwischen 10,5 und 19,5 Mio. €.

Mit dieser Daumenregel – die manchmal auch als vereinfachtes Ertragswertverfahren bezeichnet wird – bekommen Unternehmer unkompliziert und schnell ein gutes Gefühl dafür, in welchem Korridor der Unternehmenswert liegt. Wer sie kennt, wird mit einer gesunden Portion Skepsis auf unrealistisch hohe Lockangebote reagieren. Andersherum hilft die Daumenregel auch, viel zu niedrige Angebote, die Unternehmer etwa aus dem eigenen Umfeld bekommen, schnell als solche zu erkennen und dankend abzulehnen.

Von der Daumenregel zu einer profunden Einschätzung: Professionelle Unternehmensbewertung in zwei Schritten

So gut die Daumenregel als grobe Annäherung auch funktioniert: Ob es am Ende 10,5 oder 19,5 Mio. € sind, macht natürlich noch immer einen gewaltigen Unterschied. Will man es so exakt wie möglich wissen, ist eine professionelle Unternehmensbewertung notwendig.

Für eine solche Unternehmensbewertung, die auch wir unseren Mandanten anbieten, sind viel Erfahrung und Fingerspitzengefühl erforderlich. Im Kern aber besteht sie aus zwei Schritten. Im ersten Schritt führen wir eine sogenannte Bilanzbereinigung durch. Der Grund ist, dass der in der Bilanz ausgewiesene Gewinn oft nicht dem tatsächlichen, für die Berechnung des Unternehmenswerts ausschlaggebenden Gewinn entspricht. Anschließend besteht der zweite Schritt darin, sich dem Faktor zu nähern, mit dem man den bereinigten Gewinn multipliziert. Wovon hängt es also ab, ob er eher bei 3,5 oder eher bei 6,5 liegt? Was gibt Auf-, was Abschläge?

Wir möchten Ihnen zunächst die Bilanzbereinigung anhand eines einfachen, fiktiven Beispiels erklären.

Auswirkungen einer Bilanzbereinigung

Stellen Sie sich vor, ein Unternehmer zahlt sich selbst 500.000 € im Jahr als Gehalt aus. Das ist sein gutes Recht – es ist ja sein Unternehmen. Ein Investor, der das Unternehmen kauft und es von einem angestellten Geschäftsführer leiten lässt, würde diesem aber vermutlich kein ähnlich hohes Gehalt bezahlen. Marktüblich wären vielleicht eher 200.000 €. Das bedeutet, dass der bereinigte Gewinn, den der Käufer realisieren könnte, 300.000 € höher ist als der in der Bilanz ausgewiesene. Die Konsequenz für den Unternehmenswert: Er steigt in diesem Beispiel – aufgrund des Faktors, mit dem man den Gewinn multipliziert – um mehr als eine Million Euro.

Das ist natürlich nur ein Beispiel. Eine professionelle Bilanzbereinigung berücksichtigt viele weitere Faktoren.

Festlegen des Faktors

In der Praxis startet man meist mit einem mittleren Faktor, der typisch ist für ein mittelständisches Unternehmen einer bestimmten Branche. Nehmen wir an, dieser liegt bei 5. Anschließend gilt es dann, die qualitativen Kriterien zu bewerten. Wir möchten Ihnen beispielhaft drei erläutern:

1. Der mit Abstand wichtigste Punkt: Wie unabhängig ist das Unternehmen vom Unternehmer? Läuft es auch ohne ihn – oder wird es schon schwierig, wenn er für ein paar Wochen in den Urlaub fährt? Für potenzielle Käufer ist das eine entscheidende Frage. Ein erfahrener Investor hat es mal so auf den Punkt gebracht: „Kaufe ich ein Unternehmen oder vor allem Arbeit? Arbeit habe ich schon genug und brauche sie mir nicht kaufen." Je unabhängiger das Unternehmen vom Unternehmer ist, desto höher fällt also in der Regel die Bewertung aus.
2. Wie groß ist der Anteil wiederkehrender Aufträge? Müssen immer wieder neue Kunden gewonnen werden – oder gibt es eine verlässliche Grundlast? Auch davon hängt es ab, wie hoch der individuelle Multiplikator angesetzt werden kann. Im Fall der RJC Trockner GmbH hat es beispielsweise geholfen, dass große Wohnungsverwaltungen zu den Kunden gehören, von denen regelmäßige Aufträge zu erwarten sind.
3. Was ist der Standort des Unternehmens? Auch wenn Sie dieses Kriterium in kaum einem Fachbuch finden werden: Gerade wenn der Käufer das Unternehmen selbst führen will, muss er in der Regel vor Ort sein. Für ihn kann es daher einen großen Unterschied machen, ob es in einer Kleinstadt mit wenig Kultur beheimatet ist oder in einer Großstadt wie München, Berlin oder Hamburg mit vielen Theatern, Clubs und Musicals.

Antwort	Auf- / Abschlag	Multiplikator
Wie lange können Sie vom Unternehmen wegbleiben?		
3 Tage	- 0,4	
3 Wochen	0	
3 Monate	+ 0,4	1,4
Gibt es eine zweite Management-Ebene?		
Ja	+ 0,2	1,2
Nein	- 0,2	
Wie hoch ist der Anteil von Neukunden, den Sie persönlich akquirieren?		
< 15 %	+ 0,3	
15–50 %	0	1,0
50–75 %	- 0,3	
> 75 %	- 0,4	
Durchschnitts-Wert		**1,2**

Abb. 3.2 Qualitative Kriterien und ihr Einfluss auf den Multiplikator

Um Ihnen ein Gefühl dafür zu geben, wie man solche qualitativen Kriterien dann in konkrete Auf- oder Abschläge übersetzt, haben wir Ihnen in Abb. 3.2 einige Fragen aus unserem Unternehmenswertrechner aufgelistet, den wir kostenlos auf unserer Website zur Verfügung stellen. Sie beziehen sich auf das Kriterium „Abhängigkeit vom Unternehmer".

Das Basiswert von 5 würde in diesem Beispiel also mit 1,2 multipliziert. Aufgrund einer insgesamt eher geringen Abhängigkeit vom Unternehmer (und alle anderen qualitativen Kriterien ausgeklammert) stiege der Faktor, mit dem man den Unternehmenswert berechnet, also auf 6.

Berechnung eines realistischen Kaufpreises

Die Berechnung des Unternehmenswerts, so wie wir sie hier dargestellt haben und wie sie in der Praxis meist durchgeführt wird, *beruht auf der Ertragslage des Unternehmens.* Man spricht deshalb auch vom Ertragswert. Warum dieser noch nicht den realistischen Kaufpreis ergibt, lässt sich gut anhand eines Gedankenspiels erklären.

Stellen Sie sich zwei fast identische Unternehmen vor, zum Beispiel zwei Buchhandelsketten. Sie haben in den vergangenen Jahren gleich viel Gewinn erwirtschaftet. Auch bei den qualitativen Bewertungskriterien, also etwa der Abhängigkeit vom Unternehmer oder der Attraktivität des Standorts, sind keinerlei Unterschiede erkennbar. Der Ertragswert ist damit identisch.

Die Buchhandelskette 1 aber hat kaum noch Geld auf ihren Konten und zudem hohe Schulden bei der Bank. Die Konten der Buchhandelskette 2 sind dagegen gut gefüllt, außerdem ist sie komplett schuldenfrei. Würden Sie als potenzieller Käufer dennoch für beide Buchhandlungen den gleichen Preis bezahlen? Selbstverständlich nicht.

Was also muss man tun, um vom Ertragswert zu einem realistischen Kaufpreis zu kommen? Die Antwort lässt sich als Formel formulieren:

$$\begin{aligned}&\text{Der realistische Kaufpreis} = \text{Ertragswert} - \text{Finanzverbindlichkeiten}\\&\quad\left(\text{z. B. Bankdarlehen oder andere zinstragende Verbindlichkeiten}\right)\\&\quad+\text{Barmittel}\left(\text{abzüglich der betriebsnotwendigen Mindestliquidität}\right)\\&\quad+\text{nicht betriebsnotwendiges Vermögen}\left(\text{etwa Liegenschaften}\right)\\&\quad+/-\text{Differenz zum durchschnittlichen Nettoumlaufvermögen}\end{aligned}$$

Im Beispiel der Buchhandlungen läge der realistische Kaufpreis der Buchhandelskette 1 damit unter dem Ertragswert (da die Finanzverbindlichkeiten höher sind als die vorhandenen Barmittel). Bei der Buchhandelskette 2 würde der realistische Kaufpreis höher ausfallen (da die Barmittel größer sind als die Schulden).

In der Praxis ist diese Rechnung allerdings noch etwas komplizierter. Neben den Barmitteln kann auch nicht betriebsnotwendiges Vermögen (etwa Liegenschaften) den Kaufpreis erhöhen. Außerdem muss das Nettoumlaufvermögen ermittelt werden. Dazu gehören zum Beispiel die Lagerbestände eines Unternehmens. Wie aber bewertet man den Bestand an Büchern einer Buchhandelskette? Muss man jene Bücher, die seit mehr als einem Jahr im Regal stehen, als Ladenhüter herausrechnen, weil sie vermutlich nicht mehr verkauft werden? Und gilt das auch für eher zeitlose Schulbücher?

Wir möchten Ihnen noch ein weiteres Beispiel geben, das verdeutlicht, wie wichtig es ist, das Nettoumlaufvermögen in der Praxis korrekt zu ermitteln. Grundsätzlich gilt dabei:

$$\begin{aligned}\text{Nettoumlaufvermögen} = {} & \text{Forderungen aus Lieferungen und Leistungen} \\ & + \text{teilfertige Arbeiten} + \text{Lagerbestände} \\ & - \text{Verbindlichkeiten aus Lieferungen und Leistungen} \\ & - \text{erhaltene Anzahlungen}\end{aligned}$$

Stellen Sie sich nun vor, ein Unternehmer erhält kurz vor dem Verkauf seines Unternehmens das Angebot, Schrauben für 300.000 € mit einem Rabatt von 3 % zu erwerben. Es ist eigentlich ein gutes Angebot. Der Unternehmer aber denkt: Warum soll ich das jetzt noch machen? Dann reduzieren sich doch meine Barmittel und das wiederum mindert den Kaufpreis! Dem ist zum Glück nicht so. Zwar würden die Barmittel sinken, die Lagerbestände (und damit das Nettoumlaufvermögen) aber im gleichen Maß steigen. Der Unternehmer kann also handeln, als würde er das Unternehmen nicht veräußern. Den realistischen Kaufpreis schmälert er dadurch nicht.

Das gilt natürlich andersherum, wenn ein Unternehmer kurz vor dem Verkauf seine eigenen Waren mit Rabatt seinen Kunden anbietet, um die Barmittel im Unternehmen zu steigern. Dadurch würde das Nettoumlaufvermögen im gleichen Maß schrumpfen. Unter dem Strich hätte es also keinen Effekt auf den realistischen Kaufpreis. Kurzfristige Tricksereien bringen also nichts, wenn man korrekt rechnet. In der Praxis wird das Nettoumlaufvermögen nämlich zum Übergabestichtag ermittelt und dann mit dem Durchschnittswert der Vorjahre verglichen. Ist das aktuelle Nettoumlaufvermögen höher, wirkt sich das positiv auf den realistischen Kaufpreis aus. Liegt es darunter, reduziert sich der realistische Kaufpreis entsprechend um die Differenz.

Zusammenfassend zeigen wir an einem stark vereinfachten Beispiel (s. Abb. 3.3) noch einmal, nach welcher Systematik man den Unternehmenswert und darauf aufbauend den realistischen Kaufpreis berechnet.

Schritt 1 · Unternehmenswert berechnen		
Durchschnittlicher Gewinn (EBIT)	500.000 €	Der Gewinn vor Zinsen und Steuern der vergangenen drei Jahre wird gemittelt.
Bereinigter Gewinn	600.000 €	Der bilanzielle Gewinn kann sich vom bereinigten Gewinn unterscheiden, etwa wenn der Unternehmer sich selbst ein hohes Gehalt ausgezahlt hat.
Branchenmultiplikator	5	Branchenüblicher Multiplikator – der Wert beträgt das X-fache des bereinigten Gewinns (hier beispielhaft fünf).
Individueller Multiplikator	6	Durch die Bewertung der qualitativen Kriterien (z. B. Abhängigkeit vom Unternehmer) ergeben sich individuelle Auf- oder Abschläge auf den Branchenmultiplikator.
Ertragswert	**3.600.000 €**	Bereinigter Gewinn × individueller Multiplikator – der Wert des operativen Geschäfts.

Schritt 2 · Vom Ertragswert zum realistischen Kaufpreis

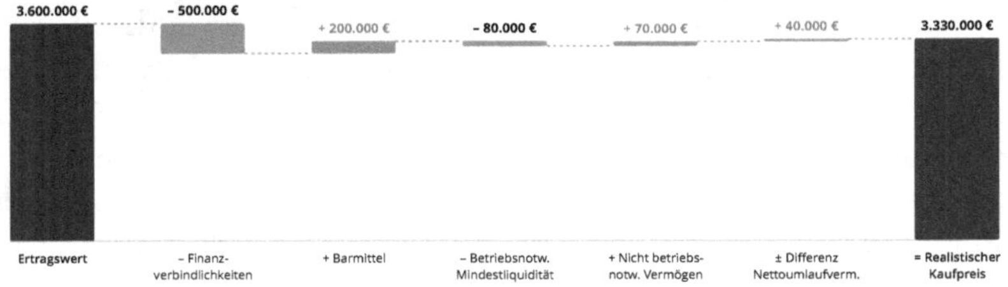

Die Anpassungen im Detail		
Ertragswert	3.600.000 €	Ergebnis aus Schritt 1 – Ausgangspunkt der Überleitung.
– Finanzverbindlichkeiten	- 500.000 €	Alle zinstragenden Finanzverbindlichkeiten, etwa Bankdarlehen, werden abgezogen.
+ Barmittel	+ 200.000 €	Gesamte vorhandene Liquidität (Bankguthaben, Kasse, kurzfristige Wertpapiere) zum Bewertungszeitpunkt.
– Betriebsnotwendige Mindestliquidität	- 80.000 €	Für den laufenden Betrieb erforderliche Mindestliquidität.
+ Nicht betriebsnotwendiges Vermögen	+ 70.000 €	Vermögen, das nicht für den Betrieb gebraucht wird – etwa Liegenschaften – wird auf den Kaufpreis aufgeschlagen.
± Differenz Nettoumlaufvermögen	+ 40.000 €	Wird mit dem Durchschnitt der Vorjahre verglichen. Liegt es darüber, erhöht das den Kaufpreis; liegt es darunter, mindert es ihn.
= Realistischer Kaufpreis	3.330.000 €	Der Betrag, der dem Verkäufer für seine Anteile tatsächlich zufließt.

Abb. 3.3 Vom Unternehmenswert zum realistischen Kaufpreis

Wenn Sie nun grundsätzlich verstanden haben, wie sich der Unternehmenswert berechnet und wie man von dort aus zu einer realistischen Einschätzung des Kaufpreises gelangt, haben wir das Ziel dieses Kapitels schon fast erreicht.

Es fehlt nur noch ein letzter Schritt!

Der realisierte Kaufpreis: Am Ende ist entscheidend, worauf sich zwei Parteien einigen können

In den allermeisten Fällen wird der realisierte Kaufpreis, also das, was am Ende tatsächlich auf dem Konto des Verkäufers landet, sich nicht erheblich vom professionell berechneten, realistischen Kaufpreis unterscheiden. Vielleicht sind es ein paar Prozent mehr oder weniger. In der Regel aber liegen wir mit unseren Bewertungen sehr dicht an dem, was dann auch in der Realität herauskommt.

Trotzdem gibt es Ausnahmen. Es kann Fälle geben, in denen ein Käufer ein Unternehmen, das er aus strategischen Gründen unbedingt haben will, für eine vorab kaum zu erwartende Summe kauft. Oder in denen der Verkäufer auf viel Geld verzichtet, weil er sein Lebenswerk lieber an einen langjährigen Mitarbeiter übergibt als an einen Finanzinvestor. Am Ende ist der realisierte Kaufpreis eben schlicht das, worauf sich zwei Parteien einigen.

In der Praxis kommt noch eine Sache hinzu: Wird der Kaufpreis auf einen Schlag überwiesen? Oder vereinbaren Käufer und Verkäufer, dass er in mehreren Tranchen gezahlt wird – und deren Auszahlung an Bedingungen geknüpft ist?

So war es zum Beispiel bei Horst Reteike. Dem Käufer der RJC Trockner GmbH war es wichtig, dass die Reteikes noch eine Weile an Bord bleiben, um für einen geordneten Übergang zu sorgen. Solche Earn-out-Deals sind keine Seltenheit. Sie sollen den Verkäufer motivieren, auch nach dem Verkauf noch zum Erfolg des Unternehmens beizutragen. Konkret bedeutet das, dass ein Teil des Kaufpreises sofort gezahlt wird, ein anderer aber davon abhängt, ob während der Übergangszeit vorher vereinbarte wirtschaftliche Ziele erreicht werden. Horst Reteike und seine Söhne haben sich darauf eingelassen. Hätten sie es nicht getan, wäre der Kaufpreis niedriger ausgefallen.

Das zeigt, wie komplex die Sache mit dem realisierten Kaufpreis ist. Sie hängt auch vom Unternehmer selbst ab und der Frage, ob er bereit ist, auf Wunsch des Käufers noch eine Weile weiterzumachen. Es kommt also auch auf die konkrete Vertragsgestaltung an. In je mehr Dingen man dem Käufer entgegenkommt, desto höher fällt tendenziell der realisierte Kaufpreis aus. Im folgenden Kapitel werden wir darauf noch ausführlicher eingehen.

Sie wollen schnell und unkompliziert eine erste, valide Einschätzung Ihres Unternehmenswerts? Dann nutzen Sie den kostenlosen Unternehmenswertrechner von Everto. Dazu können Sie einfach den QR-Code scannen:

4

Die Wertsteigerung

Wie Sie den Unternehmenswert strategisch steigern können – und was auch kurzfristig noch möglich ist

Langfristige Wertsteigerungen: Warum eine Blitzdiät kein jahreslanges Training ersetzt

Kurz nach seinem 60. Geburtstag merkt Heiner Vierke, dass er müde ist. Nicht nur manchmal, sondern ständig. Es ist ein Gefühl innerer Erschöpfung – und es passt nicht zu seinem Selbstbild als Unternehmer. „Für mich war immer klar, dass man mal gewinnt und mal verliert, dass man auch mal hinfallen darf", sagt Vierke. Dann aber gelte es, die Krone wieder zu richten. „Das Einzige, was für mich immer verboten war", sagt Vierke, „ist, nicht wieder aufzustehen."

Dann aber, 2012, spürt er zum ersten Mal, wie viel Kraft ihn das gekostet hat. „Wenn du zum 20. Mal wieder aufgestanden bist und die Krone gerichtet hast, dann hat sie irgendwann auch schon ganz schön viele Dellen."

Vierke hat damals einen Burnout – und macht in dieser Situation intuitiv das Richtige. Er zieht sich für eine Weile aus seinem Unternehmen zurück, gewinnt Abstand. Nur mit seinem Hund läuft er zu Fuß vom

L. Harten, T. Salzmann, *Unternehmensverkauf für Inhaber*,
https://doi.org/10.1007/978-3-658-52762-4_4

Tegernsee über die Alpen bis nach Meran im Herzen Südtirols. Im Gepäck hat er grundlegende, schwierige Fragen: Wie soll es weitergehen mit ihm und seinem Unternehmen? Was hat er da überhaupt geschaffen? Welche strategischen Entscheidungen müsste er jetzt treffen, um das Unternehmen in ein paar Jahren verkaufen zu können?

Der Grund, warum wir Ihnen in diesem Kapitel die Geschichte von Heiner Vierke erzählen, ist simpel: Er hat aus diesen Fragen die richtigen Schlüsse gezogen. Vierke hat sein Unternehmen umgebaut, neue Kunden gewonnen und es von ihm selbst unabhängiger gemacht. Das alles hat dazu geführt, dass er den Unternehmenswert vor dem Verkauf deutlich steigern konnte – und heute nicht nur ein ruhigeres Leben führt, sondern auch eines ohne finanzielle Sorgen.

Das aber ging nicht von heute auf morgen. Wenn Unternehmer zu uns kommen und fragen, wie sie den Unternehmenswert noch kurz vor dem Verkauf in die Höhe treiben können, lautet die ehrliche Antwort: gar nicht. Alles andere wäre, wenn man ausführlicher darüber nachdenkt, auch erschreckend. Der Wert eines Unternehmens ist etwas, das der Unternehmer über viele Jahre hinweg erschaffen hat. Wie man ihn berechnet, haben wir Ihnen im vorherigen Kapitel skizziert. Wäre es nicht seltsam, wenn man diesen hart erarbeiteten Wert mit ein paar schnellen Tricks wie von Zauberhand nach oben schießen lassen könnte? Welche Aussagekraft hätte er dann noch?

Das heißt aber nicht, dass kurzfristig gar nichts mehr möglich ist. Wie wir im vorherigen Kapitel erklärt haben, ist der Kaufpreis etwas anderes als der Unternehmenswert. Ihn können Sie durch die Art und Weise, wie die Transaktion gestaltet wird, auch kurzfristig noch beeinflussen. Drei ganz konkrete Möglichkeiten dazu stellen wir Ihnen am Ende dieses Kapitels vor. Das aber ist natürlich etwas völlig anderes als strategische Maßnahmen, die den Unternehmenswert nachhaltig steuern. Ein wie wir finden ganz passender Vergleich: Wenn Sie Ihren eigenen Körper auf Vordermann bringen wollen, können sechs Wochen Brigitte-Diät ja auch keine schweißtreibenden Jahre im Fitnesscenter ersetzen.

Was, wenn der Chef irgendwann nicht mehr will oder kann? Wie Heiner Vierke sein Unternehmen neu aufgestellt hat

Beginnen möchten wir mit der Geschichte von Heiner Vierke. Wenn man ihn heute besucht, führt er durch ein großes, helles Haus am Waldrand. Der Burnout ist längst überwunden. Vierke verbringt viel Zeit in der Natur, reitet gern und sieht dabei aus, als könne er jederzeit zu einem Geschäftstermin galoppieren. Noch immer trägt er die elegante weiße Brille, die schon als Unternehmer sein Markenzeichen war, dazu Tweed-Weste. Man sieht, dass Mode eine große Rolle in seinem Leben gespielt hat.

Was man nicht sieht, ist, dass Heiner Vierke der Erfolg nicht in die Wiege gelegt wurde. Nach der Scheidung der Eltern lebt die Mutter mit den beiden Kindern in einer Sozialbauwohnung. Das Geld ist immer knapp. Als Legastheniker hat Vierke es auch in der Schule nicht leicht. Schon früh versucht er, etwas Geld hinzuzuverdienen. Wenn man ihn heute fragt, warum er Unternehmer geworden ist, sagt er: „Ich brauchte einfach die Kohle."

Sein erstes Geschäft fädelt Vierke noch zu Schulzeiten ein: Er fusioniert die Schülerzeitungen von fünf Schulen. So entsteht die größte Schülerzeitung Niedersachsens. Aufgrund der Reichweite und Vierkes Talent als Verkäufer bekommt sie jede Menge Anzeigen. Es ist sein erster Schritt in eine andere Welt. Vierke hat nun Kontakt zu Unternehmenskunden. Während seines BWL-Studiums wird daraus eine Werbeagentur. In dieser Zeit beliefert Vierke Unternehmen mit günstigen Werbegeschenken: personalisierten Kugelschreibern zum Beispiel oder T-Shirts mit dem Logo der Firma darauf. Bis einer von seinen Kunden sagt, er hätte gerne mal richtig hochwertige Polo-Shirts – und Vierke begreift, dass das eine Marktlücke ist.

Dazu muss man wissen, dass liebevoll designte, hochwertige Firmenkleidung damals kaum zu bekommen war. Corporate Fashion, wie man es heute nennt, wird zu Vierkes Geschäft. Sein erster großer Kunde ist Jägermeister. Später kommen der VfL Wolfsburg und sogar der FC Barcelona hinzu. Auch die Idee, aus dem Kult-Restaurant Sansibar auf Sylt eine eigene Fashion-Marke zu kreieren, kommt aus seiner Firma. Noch heute zeigt Vierke die Kataloge aus dieser Zeit stolz. „Wir haben richtig schicke Sachen gemacht", sagt er. „Das war etwas Besonderes."

Vierke beschäftigt bald zwischen 40 und 50 Mitarbeiter, hat eine Logistik-Firma hinzugekauft und Kunden, die jeder kennt. Es gibt aber auch Dinge, die Vierke Sorgen machen: Gerade bei den großen Marken sind die Margen oft eher dürftig. Im Vertrieb kommen die Impulse vor allem von ihm persönlich. „Es gibt immer einen, der spielt vorne die Musik, und auf den kommt es", sagt Vierke. Was aber, wenn der irgendwann nicht mehr will oder kann?

Sein Burnout ist für Vierke der Anlass, sein Unternehmen neu aufzustellen. Auf seiner Wanderung über die Alpen werden ihm vor allem zwei Dinge klar. Erstens muss er Mitarbeiter finden, die seinen Job übernehmen können. Zweitens braucht es Produkte, die mehr Geld reinbringen. „Diese

Mode-Sachen für große Marken sind zwar sexy", sagt er, „außer Ehre aber bleibt oft nicht viel hängen."

Beide Dinge, das ist das Bemerkenswerte, setzt Vierke in den Jahren darauf konsequent um. Er erweitert die Führungsmannschaft und baut unter anderem eine neue Vertriebsleiterin auf. Außerdem beteiligt er sich an öffentlichen Ausschreibungen – und gewinnt Kunden des öffentlichen Nahverkehrs in Städten wie Hamburg, München, Bielefeld und Hannover. Es geht nun nicht mehr um Hoodies für den FC Barcelona, sondern um Arbeitsuniformen, etwa für Bus- oder Straßenbahnfahrer. „Nicht so sexy wie der FC Barcelona", sagt Vierke, „aber wir haben Verträge über vier, fünf oder sechs Jahre bekommen. Das hat auch einen Wert für Käufer."

Und noch etwas ändert Vierke: Aus dem zugekauften Logistik-Unternehmen wird mehr und mehr ein IT-Dienstleister, der den Kunden eine Art digitale Kleiderkammer bietet. Der Vorteil: Der Kunde braucht keine physischen Räume mehr, in denen die Arbeitskleidung gelagert, ausgegeben und verwaltet wird. Stattdessen können die Mitarbeiter direkt bei Vierke bestellen, dessen Software sich dann um den gesamten Prozess kümmert.

Aus einem Unternehmen mit eher geringen Margen und einem Geschäft, das immer wieder vom Inhaber angekurbelt werden muss, wird so ein Unternehmen, das gute Gewinne erwirtschaftet, langfristige Verträge hat und immer weniger auf seinen Gründer angewiesen ist. Das steigert den Unternehmenswert auf gleich zwei Arten. Sie erinnern sich: In der Praxis berechnet man ihn, indem man den durchschnittlichen Gewinn der vergangenen Jahre mit einem qualitativen Faktor multipliziert, der zum Beispiel davon abhängt, wie unabhängig das Unternehmen von seinem Gründer ist. Vierke hat mit seinem Umbau beides gesteigert: den Gewinn und den qualitativen Faktor.

Das meinen wir, wenn wir von schweißtreibenden Jahren im Fitnesscenter reden, die den Wert eines Unternehmens wirklich steigern können. Potenzielle Käufer suchen nach stabilen, erfolgreichen Unternehmen. Je besser Sie den Unternehmensverkauf dahingehend vorbereiten, desto höher fallen der Unternehmenswert und der Kaufpreis aus. Der US-amerikanische Seriengründer John Warrillow, Autor des Bestsellers „Built to Sell", kommt zu dem Ergebnis, dass besonders gut aufgestellte Unternehmen im Schnitt rund 71 % höhere Kaufangebote erhalten. Auch wenn solche Zahlen mit Vorsicht zu genießen sind: Die Botschaft ist die richtige. Auch wenn Sie Ihr Unternehmen erst in einigen Jahren

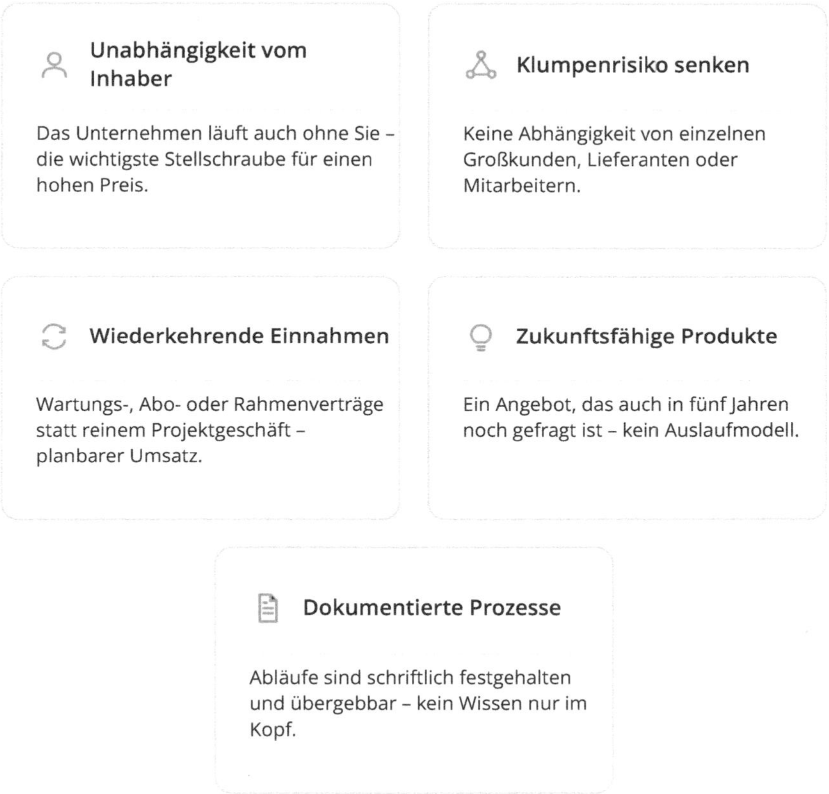

Abb. 4.1 Fünf Werthebel der Vorbereitung

verkaufen wollen – fangen Sie jetzt schon an, die richtigen Weichen zu stellen. Fünf Dinge sind dabei entscheidend, diese zeigt Abb. 4.1.

Das Problem ist: Die allermeisten Unternehmer sind mit ihrem Tagesgeschäft so beschäftigt, dass wenig Zeit für grundlegende Weichenstellungen bleibt. Geschichten wie die von Heiner Vierke sind die Ausnahme. Was also macht man, wenn man verkaufen will und dann erst merkt, dass man sich früher um diese Dinge hätte kümmern sollen?

Eine naheliegende Schlussfolgerung wäre, den Verkauf um ein paar Jahre zu verschieben, um die Dinge in dieser Zeit in Ruhe anzugehen. Viele Unternehmer aber wollen das nicht – und es wäre in den meisten

Fällen auch kein guter Ratschlag. Im ersten Kapitel haben wir bereits thematisiert, warum wir unseren Mandanten in der Regel raten, nicht zu lange zu warten. Ein Grund ist das fortschreitende Alter, das neue Probleme mit sich bringt. Der andere Grund ist der Markt für Unternehmensverkäufe, der sich für Verkäufer in den kommenden Jahren nicht zum Besseren entwickeln wird (siehe Kap. 1). Gegen diesen Trend anzuarbeiten, sodass am Ende trotz der schlechteren Marktlage ein höherer Kaufpreis herauskommt, ist aus unserer Sicht fast unmöglich.

Kurzfristige Kaufpreissteigerungen: Wie man Verträge so gestaltet, dass der Käufer bereit ist, einen höheren Kaufpreis zu bezahlen

Was also bleibt an kurzfristig umsetzbaren Möglichkeiten? Damit möchten wir uns nun – im zweiten Teil dieses Kapitels – beschäftigen. In ihm geht es darum, wie man die Verträge mit dem Käufer so gestalten kann, dass er bereit ist – bei gleichem Unternehmenswert – einen höheren Kaufpreis zu bezahlen.

Um zu verstehen, was wir damit meinen, stellen Sie sich vor, Ihr Unternehmen wäre ein X-beliebiges Produkt – ein Auto, ein neues Sofa oder eine Immobilie. Natürlich hängt der Kaufpreis vor allem davon ab, wie gut das Produkt selbst ist. Aber auch andere Dinge spielen eine Rolle: die Finanzierung, die Lieferung oder die Gewährleistung. Wie lange gilt die Garantie auf das Auto? Wird das Sofa bis ins Wohnzimmer geliefert oder muss ich es abholen? Ist die Immobilie vermietet oder kann ich selbst sofort einziehen?

Bei einem Unternehmen ist das natürlich komplexer. Aber auch hier kommt es auf die konkrete Vertragsgestaltung an. Es lohnt sich also, darüber nachzudenken, was man tun kann, um das Gesamtpaket für den Käufer möglichst attraktiv zu machen. Aus unserer Erfahrung kann es auf diese Weise gelingen, einen um bis zu 50 % höheren Kaufpreis zu erzielen. Nicht, indem man den Käufer austrickst, sondern indem man identifiziert, wo bei ihm der Schuh drückt – und diesen Schmerz gezielt beseitigt.

Wir sprechen in diesem Zusammenhang manchmal auch von „Verhandlungen 2.0“. Während es bei klassischen Verhandlungen darum geht, wer sich mit seinen Vorstellungen stärker durchsetzt, also auf Kosten des anderen profitiert, folgen „Verhandlungen 2.0“ einem anderen Ansatz. Ihnen liegt die Annahme zugrunde, dass der Verkauf eines Unternehmens kein „Nullsummenspiel“ ist, bei dem der Gewinn des einen stets der Verlust des anderen ist. Stattdessen sucht man gemeinsam nach Lösungen, die für beide Parteien einen Mehrwert haben.

Dazu lohnt es sich, die Perspektive des Käufers einzunehmen. Natürlich möchte er, wenig überraschend, einen möglichst geringen Kaufpreis bezahlen. Daneben aber sind vor allem zwei weitere Dinge für ihn relevant:

Informationsasymmetrien verringern

Wenn Sie ein Unternehmen aufgebaut und über viele Jahre hinweg geleitet haben, dann kennen Sie es so gut wie Ihr eigenes Zuhause. Sie wissen, ob nur die Fassade glänzt oder auch das Fundament darunter in Ordnung ist. Sie kennen die Stellen, an denen mal wieder geputzt werden müsste, und können einschätzen, wie viel Arbeit damit verbunden ist. Auch wenn Sie dem Käufer alle Zahlen zur Verfügung stellen, wird er doch immer Angst haben, dass Sie ihm etwas verschweigen. Gibt es Altlasten, die auf den ersten Blick nicht zu erkennen sind? Sind die Beziehungen zu den Kunden wirklich so gut, wie Sie es darstellen? Der Käufer kann das alles nicht wissen. Er weiß weniger als Sie.

In der Wissenschaft spricht man in diesem Zusammenhang von „Informationsasymmetrien“. Der Wirtschaftsnobelpreisträger George A. Akerlof hat sich damit schon 1970 in seinem berühmten Aufsatz *The Market for Lemons* beschäftigt. Darin analysiert er den Markt für Gebrauchtwagen. Auf ihm gibt es gute Autos und schlechte Autos. Die schlechten Autos bezeichnet Akerlof als „Lemons“, die guten als „Peaches“. Für die Käufer aber, das ist das Problem, ist die Qualität der Autos kaum zu erkennen. Deshalb sind sie nur bereit, einen durchschnittlichen Preis zu bezahlen. Sie kalkulieren ein, dass es sich auch um eine „Lemon“ handeln könnte (vgl. Akerlof, 1970, S. 488 ff.).

Bei dem Verkauf von Unternehmen ist das nicht anders. Es gibt gute und schlechte Unternehmen. Weil der Käufer ihre Qualität aufgrund unvollständiger Informationen nie ganz korrekt einschätzen kann, muss er einkalkulieren, dass vielleicht nicht alles so rosig ist, wie es auf den ersten Blick aussieht. Die gute Nachricht: Man kann diese Informationsasymmetrien verringern und so den Kaufpreis erhöhen. Dazu, wie genau das geht, kommen wir noch.

Finanzierung

Vorher aber möchten wir noch auf den zweiten Punkt zu sprechen kommen, an dem für Käufer häufig der Schuh drückt: die Finanzierung. Gerade für Einzelpersonen ist es oft nicht leicht, ein paar Millionen auf den Tisch zu legen. Sie müssen dann in der Regel Banken überzeugen, ihnen bei der Finanzierung mit Fremdkapital zu helfen. Auch dafür ist ein Mindestmaß an Eigenkapital erforderlich. Es aufzubringen, ist in der Praxis oft eine Herausforderung.

Nun könnte man denken, dass das bei Finanzinvestoren ganz anders sei, weil sie ja über viel Eigenkapital verfügen. Doch die Logik ist im Grunde die gleiche. Nehmen wir an, ein Finanzinvestor hat von seinen Anlegern 100 Mio. € eingesammelt. Diese soll er nun so investieren, dass eine möglichst hohe Rendite dabei herauskommt. Jede Million an Eigenkapital, die er in den Kauf eines Unternehmens steckt, schränkt den Spielraum für weitere Investitionen ein. Auch ein Finanzinvestor ist deshalb darauf bedacht, möglichst wenig Eigenkapital zu investieren. Findet man Wege, die ihm das ermöglichen, wird auch er bereit sein, einen insgesamt höheren Kaufpreis zu zahlen.

Drei Instrumente für einen höheren Kaufpreis

Im Folgenden stellen wir Ihnen drei Instrumente vor, die den Kaufpreis steigern können, indem sie Informationsasymmetrien und Finanzierungsprobleme für den Käufer verringern. Es handelt sich um die Earn-out-Klausel, das Verkäuferdarlehen und die Rückbeteiligung.

1. **Die Earn-out-Klausel**
   Wir haben eine solche Vereinbarung schon im vorangegangenen Kapitel am Beispiel des Unternehmers Horst Reteike skizziert. Sie erinnern sich: Er und seine Söhne haben sich darauf eingelassen, nach dem Verkauf noch zwei Jahre an Bord zu bleiben – und einen Teil des Kaufpreises davon abhängig zu machen, wie erfolgreich das Unternehmen in diesen zwei Jahren ist. Bei einer solchen Earn-out-Klausel wird der vollständige Kaufpreis also in zwei Komponenten aufgeteilt. Der erste Teil – der sogenannte Basispreis – wird sofort fällig. Der zweite Teil – die variable Earn-out-Zahlung – wird erst später fällig und die Höhe hängt davon ab, inwieweit bis dahin vereinbarte Ziele erreicht wurden.

   Eine solche Earn-out-Klausel reduziert die beiden von uns skizzierten „Schmerzpunkte" des Käufers. Zum einen führt sie dazu, dass er im ersten Schritt weniger Eigenkapital aufbringen muss. Sie hat also einen positiven Finanzierungseffekt. Zum anderen verringert sie das Problem der asymmetrisch verteilten Informationen. Wenn der Verkäufer sich darauf einlässt, einen Teil des Geldes nur dann zu bekommen, wenn das Unternehmen in den nächsten Jahren erfolgreich ist, sendet das auch ein Signal an den Käufer. Er kann dann davon ausgehen, dass das Unternehmen keine „Lemon" ist. Seine Angst, dass der Verkäufer ihm größere Probleme verheimlicht, nimmt ab. Das wiederum wirkt sich positiv auf den Kaufpreis aus.

   Konkret geht es bei der Gestaltung solcher Klauseln vor allem um drei Fragen: Wie groß ist der variable Earn-out-Anteil des Kaufpreises? Nach welchem Zeitraum wird er fällig? Und an welche Bedingungen wird er geknüpft? In der Praxis hängt er meist davon ab, wie hoch der Gewinn vor Zinsen und Steuern (EBIT) in der Earn-out-Phase ausfällt. Er kann aber auch an andere Kennzahlen wie den Umsatz oder sogar an nichtfinanzielle Ziele geknüpft werden. Auch sogenannte *Caps* and *Floors,* also Ober- und Untergrenzen, zwischen denen sich der „Earn-out"-Anteil bewegt, können vereinbart werden. Kurzum: Es gibt viel Gestaltungsspielraum für individuelle Lösungen.
2. **Das Verkäuferdarlehen**
   Es wirkt auf den ersten Blick seltsam: Warum sollte der Verkäufer dem Käufer einen Kredit geben? In der Praxis aber bringt dieses Instrument

nicht selten den Durchbruch in festgefahrenen, schwierigen Verkaufsverhandlungen.

Nehmen wir einmal an, Verkäufer und Käufer sind sich grundsätzlich einig. Der Käufer aber kann sich den vom Verkäufer angestrebten Kaufpreis schlicht nicht leisten. Vielleicht handelt es sich – wie bei Heiner Vierke, dessen Geschichte wir in den folgenden Kapiteln wieder aufgreifen werden – um eine Führungskraft aus dem eigenen Unternehmen, die das Unternehmen übernehmen möchte, deren Eigenkapital aber begrenzt ist. Die Finanzierung droht daran zu scheitern.

In einer solchen Situation kann ein Verkäuferdarlehen den Knoten tatsächlich lösen. Das Prinzip: Ein Teil des Kaufpreises wird in ein Darlehen umgewandelt, das der Käufer zu einem späteren Zeitpunkt zurückzahlt. Das hat einen bemerkenswerten Effekt: Zum einen wird es von Banken unter bestimmten Voraussetzungen wie Eigenkapital behandelt – und verbessert damit die Eigenkapitalquote des Käufers. Hinzu kommt, dass die Banken den Kredit als Vertrauensbeweis in den Käufer werten. Der Käufer muss das Darlehen ja aus zukünftigen Unternehmensgewinnen zurückzahlen. Wenn der Verkäufer daran glaubt, dass das gelingt, steigt auch das Vertrauen der Banken in den zu finanzierenden Unternehmenskauf.

Auch mit diesem Instrument wird also nicht nur die Finanzierung für den Käufer erleichtert. Es werden auch Informationsasymmetrien abgebaut. Wenn der Verkäufer bereit ist, einen Kredit an den Käufer zu geben, signalisiert er ihm und den Banken damit, dass er vom wirtschaftlichen Erfolg des Unternehmens überzeugt ist. Das wiederum kann sich in einem höheren Kaufpreis niederschlagen.

3. **Die Rückbeteiligung**
Stellen Sie sich vor, Ihr Unternehmen wird von einem Finanzinvestor gekauft. Sein Plan ist es, mehrere Unternehmen aus einer Branche zu akquirieren und daraus eine neue Unternehmensgruppe zu formen. Finanzinvestoren verfolgen diese sogenannte Buy-and-Build-Strategie aus zwei zentralen Gründen. Erstens lassen sich durch die Zusammenführung mehrerer Unternehmen erhebliche Synergie- und Rationalisierungseffekte erzielen – beispielsweise durch eine einheitliche Buchhaltung, gemeinsame Verwaltungsstrukturen oder ge-

bündelte Einkaufsvolumina. Diese Effizienzgewinne erhöhen unmittelbar die Profitabilität der gesamten Gruppe.

Der zweite, meist noch wichtigere Grund ist jedoch der Skaleneffekt auf die Unternehmensbewertung. Größere Unternehmensgruppen gelten als stabiler und attraktiver für Käufer, was sich in höheren Bewertungsmultiplikatoren niederschlägt. Ein Unternehmen mit 500 Mio. € Umsatz verkraftet den Wegfall einzelner Kunden oder Mitarbeitender deutlich besser als ein Betrieb mit nur 5 Mio. € Umsatz – und wird daher am Markt höher bewertet. Durch das Wachstum der Gruppe steigt somit nicht nur der absolute Gewinn, sondern auch der Faktor, mit dem dieser Gewinn bei der Bewertung multipliziert wird. Diese Kombination ermöglicht es Finanzinvestoren, die Unternehmensgruppe nach ein paar Jahren mit einem hohen Gewinn weiterzuverkaufen. Wäre es nicht schön, wenn Sie dann auch noch mitverdienen könnten?

Über sogenannte Rückbeteiligungen ist das möglich. Sie funktionieren in der Regel so, dass der Verkäufer einen Teil des Kaufpreises in Form einer Beteiligung an der neuen Unternehmensgruppe erhält, die der Finanzinvestor aufbaut. Er wird also Mitgesellschafter – und partizipiert entsprechend seinen Anteilen am Weiterverkauf nach ein paar Jahren.

Natürlich bietet ein Finanzinvestor so etwas nicht aus Selbstlosigkeit an. Es erleichtert ihm den Kauf mehrerer Unternehmen, weil er pro Unternehmen weniger Eigenkapital aufbringen muss. Und er kann darauf zählen, dass Sie nach wie vor zum Gelingen des Gesamtprojektes beitragen werden – schließlich haben Sie daran als Gesellschafter ein Eigeninteresse. Zudem wälzt er einen Teil des Risikos auf Sie ab. Wenn es nicht klappt und die neue Unternehmensgruppe scheitert, sind auch Ihre Anteile im Zweifel wertlos. Eine Rückbeteiligung kann den Kaufpreis zwar deutlich steigern. Sie macht für den Verkäufer aber nur dann Sinn, wenn er vom Erfolg des Gesamtprojekts überzeugt ist.

Natürlich können wir alle drei Instrumente hier nur in ihren groben Zügen umreißen. Wie man sie im Einzelfall ausgestaltet, hängt von vielen Faktoren ab. Es ist auch nicht so, dass ein Instrument besser ist als das andere. Es hängt immer vom Einzelfall ab – und vom Unternehmer selbst. Es ist völlig legitim, wenn er einen klaren Schlussstrich ziehen und das Unternehmen zu einem festen Preis verkaufen möchte, der dann so schnell wie möglich auf seinem Konto landet. In diesem Fall kommt keines der drei Instrumente infrage. Wer aber bereit ist, über variable Anteile, Beteiligungen oder einen Kredit zu verhandeln, kann den Kaufpreis auch kurzfristig noch deutlich steigern.

Literatur

Akerlof, G. A. (1970). The market for "lemons": Quality uncertainty and the market mechanism. *The quarterly journal of economics, 84*(3), 488–500.

5 Die Interessenten

Wie Sie die Spreu vom Weizen trennen und den Richtigen erkennen

Schneller als gedacht: Wie die Bethgenhagens den Richtigen fanden

Im Januar 2023 wollen Jörn und Kerstin Bethkenhagen einen Arbeitsurlaub auf Teneriffa machen. Morgens ein paar Stunden auf der Terrasse des Hotels arbeiten, nachmittags wandern und die Sonne genießen. Das ist der Plan.

Die Bethkenhagens sind das Unternehmer-Ehepaar aus Nordrhein-Westfalen, mit dem wir das erste Kapitel begonnen haben. Sie erinnern sich: Gemeinsam haben sie einen mittelständischen Hersteller von medizinischem Laborbedarf geleitet, die Sanguis Counting GmbH. Es ist ein „Hardcore-Unternehmerleben", das sie führen, schön, aber auch anstrengend. Oft sprechen sie noch abends beim Zähneputzen über die Firma. Vor allem die ausufernde Bürokratie und immer detailliertere Vorschriften zum Qualitätsmanagement machen ihnen zu schaffen. Manchmal denken sie: Wir sind doch nicht Unternehmer geworden, um endlose Excel-Sheets zu produzieren. Schließlich, 2022, fällt die Entscheidung, zu verkaufen.

Noch aber, auf Teneriffa, sind sie für alles verantwortlich. Nach ihrer Rückkehr aus dem Arbeitsurlaub stehen die jährlichen Audits zum Qualitätsmanagement an. Bis dahin müssen die entsprechenden Berichte fertig sein. Daran arbeiten die Bethkenhagens nun, morgens auf der Hotelterrasse. „Es war ein Abarbeiten von Dingen, die erledigt werden müssen", sagt Jörn Bethkenhagen. „Dann aber kam der Anruf, der alles auf den Kopf gestellt hat."

Der Anrufer – das sind wir. Während die Bethkenhagens sich weiter um das operative Geschäft ihres Unternehmens gekümmert haben, haben wir

L. Harten, T. Salzmann, *Unternehmensverkauf für Inhaber*, https://doi.org/10.1007/978-3-658-52762-4_5

uns auf die Suche nach potenziellen Käufern gemacht. Nun, nur einige Wochen nach Erteilung des Mandats, können wir einen Erfolg vermelden: Aus einer ganzen Reihe von Interessenten haben wir die fünf vielversprechendsten für sie ausgewählt.

Die Bethkenhagens sind zwar überrascht, dass es so schnell gegangen ist, aber auch neugierig. Also werfen sie alle Pläne über Bord – und beschließen, noch von Teneriffa aus die Erstgespräche mit den Interessenten zu führen. „Technisch waren wir mit unseren Laptops ja gut ausgestattet", sagt Jörn Bethkenhagen. „Nur einen Drucker habe ich auf Teneriffa noch gekauft." Die Bethkenhagens möchten gut vorbereitet in die Gespräche gehen – und einige Unterlagen dabei auch auf Papier vor sich haben.

Und so lernen die Bethkenhagens auf Teneriffa in von uns moderierten Gesprächen fünf mögliche Käufer kennen. Es sind ausführliche, mehrstündige Videocalls. Beide Seiten stellen sich vor, können Fragen stellen, oft geht es schnell in die Tiefe. „Es waren alles interessante Gespräche", sagt Jörn Bethkenhagen. „Hinterher war aber auch klar, wer unsere Favoriten sind."

Dann geht alles ganz schnell. Noch während die Bethkenhagens auf Teneriffa sind, unterzeichnen sie mit einem der Interessenten eine Absichtserklärung. In ihr werden die wichtigsten Eckpunkte des Verkaufs, auf die man sich geeinigt hat, festgehalten. Zwei Monate später, im März 2023, sitzen sie dann tatsächlich beim Notar.

Je weniger ein Unternehmer sich selbst mit der Suche nach einem Käufer befassen muss, desto besser

Wir haben Ihnen diese Anekdote erzählt, weil sie zeigt, wie schnell und unkompliziert es für den Verkäufer laufen kann. Genau das ist unser Anspruch: Je weniger ein Unternehmer sich selbst mit der Suche nach einem Käufer befassen muss, desto besser haben wir unseren Job gemacht. Das gilt natürlich nicht nur für uns, sondern auch für andere Berater. Im besten Fall halten sie dem Unternehmer, der ja weiterhin ein Unternehmen zu führen hat, den Rücken frei und präsentieren ihm dann eine Vorauswahl passender Kandidaten, zwischen denen er sich entscheiden kann.

Wie viel Arbeit und Erfahrung dafür im Hintergrund nötig ist, muss den Unternehmer nicht unbedingt interessieren. Es zählt das Ergebnis. In diesem Kapitel möchten wir Ihnen dennoch zwei Dinge etwas genauer erläutern. Zunächst möchten wir Ihnen einen groben Überblick über die verschiedenen Käufertypen geben: vom Privatinvestor, der das Unternehmen selber führen will, bis hin zum Finanzinvestor. Wir erleben es häufig, dass Unternehmer zunächst einen ganz bestimmten Käufertyp im Auge haben – und einen anderen vielleicht sogar kategorisch ausschließen. Dahinter stecken aus unserer Sicht oft Annahmen oder Vorurteile, denen wir in diesem Kapitel ein paar Fakten und Erfahrungen entgegensetzen möchten.

Anschließend möchten wir Ihnen den Prozess der Käufersuche zumindest einmal grob skizzieren. Immer wieder erleben wir, dass Unternehmer dazu viele Fragen haben. Wie können sie sich sicher sein, dass vertrauliche Informationen nicht in die falschen Hände gelangen? Welche Kanäle nutzen wir überhaupt? Und wieso leiten wir nicht jede Anfrage direkt an sie weiter? Abschließen möchten wir dieses Kapitel dann mit einigen Gedanken dazu, worauf es beim „richtigen" Käufer ankommt.

Käufertypen

Beginnen wir aber mit den Käufertypen. Grob lassen sie sich in drei Kategorien aufteilen: Privatinvestoren, die das Unternehmen selbst führen wollen, strategische Käufer, die ihre Marktposition verbessern wollen, und Finanzinvestoren, die vor allem nach einer guten Anlage für ihr Geld suchen.

Der Privatinvestor: Weshalb Unternehmen ihn sich oft wünschen – und woran es dann doch oft scheitert

Den Käufertyp des Privatinvestors, der das Unternehmen selber führen will, haben die meisten Unternehmer zunächst im Kopf, wenn sie an einen Verkauf denken. Dahinter steht oft die Annahme, dass das eigene Lebenswerk bei einem Privatinvestor mit unternehmerischen Ambitionen am besten aufgehoben ist: weil er es am ehesten im Sinne der bisherigen Ausrichtung weiterführt, langjährige Mitarbeiter behält und die Unternehmenskultur nur behutsam weiterentwickelt. Auch das Gefühl, an einen Menschen zu verkaufen – und nicht an eine anonyme Gesellschaft – spielt mitunter eine Rolle.

Ein solcher Privatinvestor kann aus dem eigenen Unternehmen kommen, also aus dem Kreis der Führungskräfte (Management-Buy-out, MBO) und Mitarbeiter (Employee-Buy-out). Für viele Unternehmer fühlt sich das nach einer idealen Lösung an. Sie wissen genau, wer in ihre Fußstapfen tritt. Manche haben auch das Gefühl, es sei moralisch geboten, einem treuen, langjährigen Wegbegleiter diesen Schritt zu ermöglichen.

Ein Privatinvestor, der das Unternehmen übernimmt, kann aber auch von außen kommen. Dahinter steht der Wunsch von Menschen, sich selbstständig zu machen, ohne ein Unternehmen von Grund auf neu aufbauen zu müssen. Man spricht in diesem Fall von einem Management-Buy-in (MBI). Auch wenn in diesem Fall kein gewachsenes Vertrauensverhältnis besteht, gefällt vielen Unternehmern die Vorstellung, dass ein echter Nachfolger die Führung übernimmt – und es zu seinem Lebensprojekt macht.

Obwohl diese Art der Übernahme also am öftesten gewünscht ist, kommt sie unserer Erfahrung nach am seltensten zustande. Der wichtigste Grund dafür: Die meisten Menschen haben nicht genug Eigenkapital, um eine Unternehmensübernahme zu stemmen. Woher soll es auch kommen? Man muss schon sehr gut verdient oder geerbt haben, damit das möglich ist. Und der Käufer geht ein extrem hohes Risiko ein. Das Haus, in dem die eigene Familie wohnt, muss oft als Sicherheit für die Banken herhalten. Alles Ersparte wird auf eine Karte gesetzt.

Nach unserer Erfahrung sind die wenigsten Menschen, die einen Großteil ihres Berufslebens als Angestellte verbracht haben, wirklich dazu bereit. Immer wieder kommen Unternehmer zu uns, die diese Erfahrung bereits gemacht haben. Sie waren sich sicher, dass ein Privatinvestor das Unternehmen kaufen würde, haben sich auf sein Wort verlassen. Dann aber mussten sie feststellen, dass dieser im Laufe des Prozesses doch kalte Füße bekommen hat und abgesprungen ist. Oder die Finanzierung durch die Banken scheitert daran, dass zu wenig Eigenkapital vorhanden ist. Das soll nicht heißen, dass Privatinvestoren per se schlechte Käufer sind. Wir haben schon viele Transaktionen begleitet, in denen sie erfolgreich Unternehmen übernommen haben. Mit Instrumenten wie einem Verkäuferdarlehen lassen sich auch Lösungen für Fälle finden, in denen Eigenkapital nur begrenzt vorhanden ist (siehe Kap. 4). Trotzdem scheitern Verhandlungen mit ihnen deutlich öfter als mit anderen Käufertypen.

In vielen Fällen ist es am Ende sogar der Verkäufer, der sich gegen den Privatinvestor entscheidet. Zum einen liegt das daran, dass sich die Vorurteile und Bedenken gegenüber strategischen Käufern und Finanzinvestoren im Laufe der Gespräche oft relativieren. Zum anderen bieten diese in vielen Fällen einen höheren Kaufpreis – was dann doch für viele wichtiger ist als die ursprüngliche Wunschvorstellung.

Der strategische Käufer: Wieso er bereit ist, viel Geld zu bezahlen, um ein internes Problem zu lösen

Bei dieser Käufergruppe handelt es sich um Unternehmen, die sich durch den Zukauf eine bessere Marktposition versprechen. Häufig denken Unternehmer dabei als Erstes an ihre direkten Wettbewerber. Sie können ihren Marktanteil durch eine Übernahme auf einen Schlag deutlich vergrößern (horizontale Übernahme). Unserer Erfahrung nach sind es aber in den meisten Fällen Unternehmen, die ihre Wertschöpfungskette erweitern und durch den Zukauf ein ganz konkretes Problem für sich lösen wollen (vertikale Übernahme). Eine dritte Gruppe von strategischen Käufern sind ausländische Unternehmen, die in den deutschen Markt eintreten oder ihre Stellung in ihm ausbauen wollen.

So unterschiedlich die Interessen dieser Käufer sind, haben sie doch eine Gemeinsamkeit: Sie sind nicht rein finanzieller Natur, sondern haben darüber hinaus eine strategische Dimension. Deshalb sind strategische Käufer oft bereit, einen strategischen Preis zu bezahlen, der über dem Marktpreis liegt. Das ist für Verkäufer natürlich attraktiv. Einen solchen Käufer zu finden, erfordert allerdings nicht nur eine tiefe Kenntnis der angrenzenden Märkte, sondern auch ein gutes Timing. Den strategischen Preis wird ein Käufer nur in einem kurzen Zeitfenster bezahlen. Anschließend hat er sein Problem auf andere Art gelöst.

Oft handelt es sich bei strategischen Käufern um Unternehmen, auf die man im ersten Moment gar nicht kommen würde. Vor einigen Jahren haben wir zum Beispiel einen Käufer für ein Ingenieurbüro mit rund 30

Mitarbeitern gesucht. Am Ende war es weder ein Konkurrent noch ein Konzern, der sich durch die Übernahme maßgeblicher Anteile besser aufstellen wollte. Es waren die örtlichen Stadtwerke. Auf den ersten Blick ist das überraschend. Wer vermutet schon ein städtisches Unternehmen hinter einer solchen Transaktion? Auf den zweiten Blick aber macht es Sinn. Die Stadtwerke müssen in den kommenden Jahren ein enormes Investitionsprogramm umsetzen. Die erforderliche Kompetenz dazu wollten sie sich sichern – und die eigene Wertschöpfungstiefe durch die Transaktion vertiefen.

Der Finanzinvestor: Wieso das Bild von den fiesen Heuschrecken schon lange nicht mehr zutrifft

Finanzinvestoren haben bei vielen Mittelständlern keinen guten Ruf. Sie sind oft als „Heuschrecken" verschrien, eine Bezeichnung, die der frühere SPD-Vorsitzende Franz Müntefering ihnen 2005 maßgeblich verpasst hat. Er sagte damals in einem Interview mit der *Bild am Sonntag:* „Manche Finanzinvestoren verschwenden keinen Gedanken an die Menschen, deren Arbeitsplätze sie vernichten – sie bleiben anonym, haben kein Gesicht, fallen wie Heuschreckenschwärme über Unternehmen her, grasen sie ab und ziehen weiter." (Müntefering, 2005, S. 3). Doch stimmt diese Sichtweise?

Mittlerweile ist das Zitat über zwei Jahrzehnte alt. Die Vorbehalte gegenüber Finanzinvestoren aber halten sich noch immer hartnäckig, auch unter Unternehmern. Für eine Studie des Bundesverbandes Mergers & Acquisitions in Zusammenarbeit mit den Universitäten Lancaster und Bamberg wurden Inhaber mittelständischer Unternehmen befragt. Das Ergebnis: 43 % konnten sich den Verkauf an einen Wettbewerber vorstellen. Nur 12,5 % waren dagegen bereit, an einen Finanzinvestor zu verkaufen.

Wir glauben, dass diese Skepsis heute nicht mehr gerechtfertigt ist. Zu Zeiten der „Heuschrecken"-Debatte bestand das Geschäftsmodell einiger Finanzinvestoren tatsächlich darin, Unternehmen mit zu hohen Kosten aufzukaufen – und dann massiv Personal zu entlassen. So konnten sie das Ergebnis steigern und die Unternehmen mit hohen Gewinnen weiterverkaufen. Damals allerdings hatten tatsächlich viele Unternehmen zu viel Personal – heute ist eher das Gegenteil der Fall. Die rabiaten Methoden von damals kann man verwerflich finden. Heute ergeben sie auch ökonomisch keinen Sinn mehr für Finanzinvestoren.

Werfen wir daher einen nüchternen Blick auf sie: Grundsätzlich lassen sich Finanzinvestoren in zwei Gruppen unterteilen: Die erste Gruppe sind „Family Offices". Sie verwalten das Vermögen reicher Familien und sind vor allem an langfristigen Investitionen interessiert. Die zweite Gruppe sind „Private-Equity-Fonds", die das Kapital ihrer Anleger zu maximieren versuchen – und in Zeitspannen von einigen Jahren denken. Eine Strategie dazu haben wir Ihnen bereits in Kap. 4 skizziert: Ein Finanzinvestor kauft mehrere Unternehmen aus einer Branche und formt so eine ganze Unternehmensgruppe. Durch Synergien und die gemeinsame Marktmacht ist das neue Konstrukt mehr wert als die Summe der Einzelteile. Der Finanzinvestor kann die Unternehmensgruppe daher mit Gewinn weiterverkaufen.

Mehrere Studien zeigen, dass Finanzinvestoren Mittelständler in aller Regel nicht zerschlagen oder ausbluten lassen, sondern sie, im Gegenteil, voranbringen können: nicht nur finanziell, sondern auch strategisch und operativ. Für Unternehmer, die verkaufen wollen, sind sie eine Option, die sie nicht ausblenden sollten. Mittlerweile sind Finanzinvestoren an jeder vierten Transaktion im Mittelstand beteiligt. Anders als Privatinvestoren mangelt es ihnen nicht am Geld. Und anders als bei strategischen Käufern muss der Zukauf kein konkretes Problem lösen. Für den Finanzinvestor genügt es, wenn die Zahlen stimmen.

Der Käufer: Warum die Bethkenhagens sich nicht für das höchste Angebot entscheiden – und für einen Finanzinvestor

Kehren wir mit diesem Wissen noch einmal zurück zu den Bethkenhagens nach Teneriffa. In der Vorauswahl von möglichen Käufern befinden sich zwei Privatinvestoren, zwei Finanzinvestoren und ein strategischer Käufer. Für wen werden die Bethkenhagens sich am Ende entscheiden?

Die beiden Privatinvestoren suchen für sich beruflich neue Herausforderungen. „Ihre Angebote", sagt Jörn Bethkenhagen, „lagen aber leicht unter dem, was wir uns als Mindestpreis vorgestellt haben." Außerdem ist da noch eine Sorge: Ein Sohn der Bethkenhagens würde gerne weiter im

Unternehmen arbeiten. Kann das mit einem Privatinvestor funktionieren, der die Geschäfte selbst leitet und sich von den Vorgängern abgrenzen möchte?

Der strategische Käufer, ein skandinavischer Konzern, bietet zwar den höchsten Preis. Er liegt 60 % über dem, was die Bethkenhagens als Untergrenze festgelegt haben. „Das Gespräch", sagt Jörn Bethkenhagen, „hat sich dann aber schnell wie ein Audit angefühlt. Die schienen mehr am Qualitätsmanagement interessiert zu sein als an wirtschaftlichen Kennziffern. Da hatten wir anschließend den Eindruck: Das passt nicht – und die werden ihr Angebot in dieser Höhe auch nicht aufrechterhalten."

Und so sind es am Ende die zwei Finanzinvestoren, mit denen wir im Auftrag der Bethkenhagens noch einmal nachverhandeln. Einer der beiden Finanzinvestoren, eine Hamburger Vermögensverwaltung, kauft das Unternehmen. Der Kaufpreis liegt am Ende rund 40 % über dem Mindestpreis der Bethkenhagens – und wird sofort und auf einen Schlag bezahlt. „Für uns", sagt Jörn Bethkenhagen, „war das ein absolut rundes Gesamtpaket."

Käufersuche: Wie wir vorgehen, wenn wir nach Kaufinteressenten für einen Mandanten suchen

Der Fall der Bethkenhagens veranschaulicht aus unserer Sicht nicht nur, wie ein gut strukturierter Prozess ablaufen sollte. Er zeigt auch sehr eindrücklich, warum es – wie wir ja schon im zweiten Kapitel dieses Buches beschrieben haben – keine gute Idee ist, sein Unternehmen auf eigene Faust zu verkaufen. Wie hätten die Bethkenhagens, neben dem Tagesgeschäft und ohne ein entsprechendes Netzwerk, innerhalb kürzester Zeit in Verhandlungen mit mehreren seriösen Interessenten einsteigen sollen, darunter zwei Privatinvestoren, zwei Finanzinvestoren und ein strategischer Käufer? Wie viel Geld und Zeit hätten sie womöglich verloren, wenn sie es alleine versucht hätten?

Vielleicht haben Sie sich schon im Laufe dieses Kapitels gefragt, wie wir die Kaufinteressenten für die Bethkenhagens und andere Mandanten eigentlich finden. Die naheliegende Antwort darauf wäre, mit einem verschmitzten Lächeln „Geschäftsgeheimnis" zu antworten. So leicht aber wollen wir es uns nicht machen. Auch wir können nicht alle unsere Tricks und Kniffe verraten. Wir möchten Ihnen den Prozess aber einmal grob skizzieren, damit Sie ein Gefühl dafür bekommen, wie wir arbeiten.

Schritt 1: Die Verkaufsunterlagen

Nachdem wir einen Auftrag angenommen haben, führen wir zunächst ein strukturiertes ein- bis zweistündiges Interview mit dem Unternehmer, normalerweise per Videocall. Das Ziel ist es, das Unternehmen so besser kennenzulernen und alle Informationen abzufragen, die wir anschließend für die Erstellung professioneller Verkaufsunterlagen brauchen.

Im Kern handelt es sich dabei um ein sogenanntes Informationsmemorandum, das manchmal auch als Exposé bezeichnet wird. Ein solches Dokument ist in der Regel nicht mehr als 30 Seiten lang und soll möglichen Käufern einen ersten Eindruck des Unternehmens vermitteln.

Zwei Dinge sind dabei wichtig. Erstens muss das Informationsmemorandum das Unternehmen als Ganzes erfassen. Unternehmer sind ziemlich gut darin, ihre Produkte oder Dienstleistungen zu beschreiben und zu verkaufen. In einem Informationsmemorandum aber müssen auch Strukturen, Prozesse, Kunden und Mitarbeiter abgebildet werden. Wie werden Aufträge generiert? Welche IT-Anwendungen kommen zum Einsatz? Wie weit ist die Digitalisierung im Unternehmen fortgeschritten? Wo liegen Wachstumschancen? Das Informationsmemorandum können Sie sich als eine Art Sales-Pitch vorstellen, bei dem das Produkt das Unternehmen in seiner Gesamtheit ist.

Zweitens müssen die darin enthaltenen Informationen vertraulich behandelt werden. Auch sollte ein geplanter Verkauf nicht öffentlich werden. Die meisten Unternehmer wollen aus verständlichen Gründen nicht, dass er frühzeitig die Runde macht und etwa Mitarbeiter verunsichert. Deshalb erstellen wir neben dem Informationsmemorandum auch einen sogenannten Teaser. Er enthält nur wenige Kennzahlen und Informationen und hat vor allem den Zweck, neugierig zu machen. Der Name des Unternehmens wird in ihm nicht genannt. Auch achten wir penibel darauf, dass keine Informationen enthalten sind, die einen Rückschluss auf die Identität des Unternehmens zulassen.

Jeder Interessent, der auf Basis des anonymen Teasers mehr wissen möchte, muss zunächst ein „Non-Disclosure-Agreement“ (NDA), eine Vertraulichkeitsvereinbarung, unterschreiben. Erst wenn sie vorliegt, bekommt er nach Prüfung seiner Angaben das Memorandum und die wichtigsten Finanzkennzahlen zugeschickt. So stellen wir sicher, dass keine sensiblen Informationen weitergegeben werden.

Schritt 2: Die Kontakte

Unsere mit Abstand wertvollste Ressource sind unsere Kontakte zu möglichen Käufern. Über die Jahre haben wir ein Netzwerk aufgebaut, das wir pflegen und auch über die Grenzen Deutschlands hinaus ausbauen. Wie wir Ihnen bereits in den vergangenen Kapiteln erläutert haben, wird sich der Markt für Unternehmensverkäufe in Deutschland für Verkäufer in den nächsten Jahren nicht zum Guten entwickeln. Während das Angebot steigt, sinkt die Nachfrage. Umso wichtiger ist es, gute Kontakte auch ins Ausland zu haben, die diesen Trend zumindest etwas abmildern. Bei chinesischen Investoren etwa sind deutsche Mittelständler begehrt. Unser Netzwerk dorthin haben wir deshalb in den vergangenen Jahren deutlich ausgebaut.

Neben dem gewachsenen persönlichen Netzwerk nutzen wir auch digitale Kanäle, um potenzielle Käufer zu erreichen. Dazu gehören ein Newsletter und eine Unternehmensbörse auf unserer Website. Außerdem arbeiten wir, wo es sinnvoll ist, mit Künstlicher Intelligenz. Sie unterstützt uns etwa bei der Erstellung von „Longlists“ aus passenden Käufern, die wir dann mit unserer Erfahrung ergänzen und bereinigen. Auf die vielversprechendsten Kontakte gehen wir zu und loten aus, ob Interesse besteht.

Schritt 3: Die Spreu vom Weizen trennen

Anschließend – das ist der Teil, der am meisten Erfahrung und Fingerspitzengefühl verlangt – geht es darum, die Spreu vom Weizen zu trennen. Nicht jeder Interessent ist ein passender Kandidat. Auf drei Dinge achten wir besonders.

1. Meint der Interessent es wirklich ernst? Auf Basis unserer langjährigen Praxis haben wir dafür ein gutes Gespür entwickelt. Ein Beispiel: Bei Interessenten, die seit vielen Jahren einen gut bezahlten Job in einem Konzern haben und davon träumen, noch einmal Unternehmer zu werden, sind wir wie bereits beschrieben äußerst vorsichtig. In vielen Fällen, das ist unsere Erfahrung, wagen sie den Schritt in die Selbstständigkeit am Ende eben doch nicht.
2. Verfügt der Interessent über ausreichend Eigenkapital? Lange über einen Verkauf zu verhandeln, nur um dann festzustellen, dass die Finanzierung an zu wenig Eigenkapital scheitert, ist Zeitverschwendung – für uns und unsere Mandanten. Im Zweifel lassen wir uns deshalb von den Interessenten einen Eigenkapital-Nachweis schicken.
3. Hat der Interessent eine angemessene Preisvorstellung? Um dafür ein Gefühl zu bekommen, fordern wir früh ein unverbindliches Angebot ein. Das mag ungewöhnlich sein, hat sich in der Praxis aber bewährt. Ein erstes Gespräch zwischen Verkäufer und Interessent dauert oft mehrere Stunden. Diesen Aufwand möchten wir unseren Mandanten ersparen, wenn die Preisvorstellung des Interessenten von Anfang an unrealistisch niedrig ausfällt.

Und wer ist nun der „richtige" Käufer für mich? Zwei Gedanken zu einer ganz individuellen Entscheidung

An wen ein Unternehmer letztlich verkauft, ist eine ganz persönliche Entscheidung. Natürlich geht es auch ums Geld. Zwei weitere Faktoren aber spielen daneben oft auch eine Rolle. Einer wird aus unserer Sicht eher überschätzt. Den anderen halten wir tatsächlich für ein relevantes Kriterium.

Beginnen wir mit dem überschätzten Faktor: Fast alle Unternehmer wollen von den Kaufinteressenten wissen, was diese mit ihrem Lebenswerk vorhaben. Das ist völlig verständlich – dennoch sollte es bei der Entscheidung für oder gegen einen Käufer aus unserer Sicht keine ausschlaggebende Rolle spielen. Stellen Sie sich vor, ein Käufer würde Ihnen offen darlegen, wie er mit drei schnellen Handgriffen den Gewinn um 20 % steigern möchte oder welche schwergewichtigen Kunden er schon in Aussicht hat. Natürlich müsste er damit rechnen, dass das den geforderten Kaufpreis in die Höhe treibt. Es wäre taktisch unklug, seine Pläne komplett transparent mit Ihnen zu teilen. Deshalb wird er es in der Regel auch nicht tun. Der Käufer wird Ihnen nie die ganze Wahrheit erzählen.

Hinzu kommt: Wenn der Käufer hinterher etwas völlig anderes macht, sind Sie machtlos – und das ist auch richtig so. Immer wieder mal bekommen wir Anrufe von ehemaligen Mandanten, die sich furchtbar darüber aufregen, wie der Käufer das Unternehmen aus ihrer Sicht vor die Wand fährt. Wir fragen dann manchmal etwas provokativ zurück: Ist das Geld auf ihrem Konto angekommen? Auch wenn es schwer ist, das eigene Lebenswerk loszulassen: Der Käufer kann mit ihm machen, was er will. Es gehört ihm. Dafür hat er viel Geld bezahlt.

Wenn Sie aber ohnehin nicht erfahren werden, was ein Käufer wirklich mit dem Unternehmen vorhat, und im Zweifel auch keinen Einfluss mehr nehmen können, macht es aus unserer Sicht wenig Sinn, die Verkaufsentscheidung maßgeblich von diesem Faktor abhängig zu machen. Auch wenn es schwierig ist: Akzeptieren Sie besser frühzeitig, dass Sie die Kontrolle darüber, wie es mit dem Unternehmen weitergeht, mit dem Verkauf verlieren.

Das bringt uns zum nächsten Faktor. Für den Unternehmer beginnt nach dem Verkauf ein neues Leben, das alte lässt er hinter sich. Solange der Verkaufsprozess nicht abgeschlossen ist, hängt er, wenn man so will, zwischen beiden Leben fest. Für manche Unternehmer ist das kein Problem. Vielleicht brauchen sie diese Zeit sogar, um Abschied zu nehmen. Andere Unternehmer aber wollen den Verkauf so schnell wie möglich über die Bühne bringen.

Wenn dem so ist, kann es einen Unterschied machen, an wen man verkauft. Bei einem Konzern mit diversen zustimmungspflichtigen Gremien dauert es in der Regel länger als zum Beispiel bei einem inhabergeführten Unternehmen, in dem der Eigentümer allein entscheiden kann. Manche Käufer bestehen zudem darauf, dass der Unternehmer noch Jahre im Unternehmen tätig ist. Andere sind froh, wenn er nach ein paar Monaten komplett raus ist.

Es ist eine persönliche Abwägung, ob man im Zweifel bereit ist, auf etwas Geld zu verzichten, wenn man dafür unbeschwerte Lebenszeit gewinnt. Kurz gesagt raten wir unseren Mandanten, sich mehr mit ihrer eigenen Zukunft auseinanderzusetzen als mit der des Unternehmens.

Nur ein Jahr nach den ersten Gesprächen mit Interessenten sind die Bethkenhagens erneut nach Teneriffa geflogen. Alle Verpflichtungen im Rahmen des Verkaufs waren erledigt, das Geld längst auf dem Konto. Im Hotel, demselben wie im Jahr zuvor, fragte sie ein Kellner: „Seid ihr nicht die, die hier letztes Jahr so viel gearbeitet haben?" Die Bethkenhagens konnten antworten: „Ja, das waren wir. In diesem Jahr aber machen wir hier einfach nur Urlaub."

Literatur

Müntefering, F. (2005). Manche Finanzinvestoren fallen wie Heuschreckenschwärme über Unternehmen her. In: Bild am Sonntag vom 17.4.2005, S. 3.

6 Die Verhandlungen

Wie Sie in den Verhandlungen das Beste für sich herausholen und zu einer vorläufigen Einigung gelangen

Den einen Moment, in dem die Korken knallen, gibt es meist nur in Filmen: Warum Heiner Vierke am Ende eines langen Prozesses nicht in Jubel ausbricht

Als Heiner Vierke den Anruf bekommt, auf den er so lange gewartet hat, ist er gerade reiten. Wo genau, weiß er nicht, denn er hat sich verritten, irgendwo im Harz, zwischen Vienenburg und Wülperode, wo früher mal die innerdeutsche Grenze verlief. Das Problem ist, dass es bereits dämmert – und man, wie es Vierke ausdrückt, „nicht mit Pferden im Gelände unterwegs sein sollte, wenn es dunkel wird, weil die bekanntlich keine Rücklichter haben".

Vierke steht also gerade mit seinem Pferd im Gebüsch und ärgert sich, dass es die Wege, die auf seiner Karte eingezeichnet sind, nicht mehr zu geben scheint, als seine Bank ihn telefonisch darüber informiert, dass der Kaufpreis für sein Unternehmen auf seinem Konto eingegangen ist. Es ist der Moment, auf den er seit vielen Jahren hingearbeitet hat. Vierke ist nun Millionär, der Verkauf seines Lebenswerks abgeschlossen. Anstatt aber in Jubel auszubrechen oder spontan einen Baum zu umarmen, beschäftigt ihn vor allem die Frage, wie er mit seinem Pferd vor Einbruch der Dunkelheit wieder nach Hause kommt.

Die Geschichte von Heiner Vierke haben wir Ihnen bereits in Kap. 4 erzählt. Wie er ein Unternehmen für hochwertige Firmenbekleidung aufgebaut hat und es dann – nach einem Burnout –, strategisch so aufgestellt hat, dass es auch ohne ihn funktioniert und für potenzielle Käufer inter-

L. Harten, T. Salzmann, *Unternehmensverkauf für Inhaber*,
https://doi.org/10.1007/978-3-658-52762-4_6

essant ist. Nun ist der Verkauf an eine Führungskraft im eigenen Unternehmen perfekt, das Geld ist da – und doch erlebt Vierke den Moment seltsam abgeklärt. Es ist bloß ein Anruf von der Bank, und das auch noch in einer eher unpassenden Situation. Sollte man einen solchen Moment nicht eigentlich mehr zelebrieren und genießen können?

In Filmen und Büchern werden Unternehmensverkäufe oft hochdramatisch dargestellt. Entweder geht es um Spekulanten, die mit allen Mitteln und Tricks versuchen, ein Unternehmen unter ihre Kontrolle zu bringen. Oder aber es wird hinter verschlossenen Türen gefeilscht und gepokert, bis man sich dann mit einem Handschlag einig wird und die Flasche Champagner öffnet. Die Realität allerdings ist wesentlich komplexer. Selbst wenn man sich mit einem Kaufinteressenten grundsätzlich einig geworden ist, müssen bis zum endgültigen Verkauf noch eine ganze Reihe von Schritten gegangen werden. Es gibt daher häufig nicht diesen einen Moment, in dem sich alles entscheidet und die Freude aus einem herausbricht. Am Ende des Prozesses steht tatsächlich eine schnöde Überweisung.

Das heißt natürlich nicht, dass es während dieses Prozesses keine Momente der Freude gibt. Es ist schön, wenn man einen passenden Kaufinteressenten gefunden hat, der bereit ist, viel Geld für das eigene Unternehmen zu zahlen. Es ist erleichternd, wenn die Due Diligence ohne Probleme abgeschlossen wurde und man schließlich beim Notar den Kaufvertrag unterzeichnet. In der Regel gibt es dort tatsächlich auch ein Glas Champagner. Zur Wahrheit gehört aber ebenso, dass bis zum Schluss noch immer etwas schief gehen kann. Das ist emotional nicht leicht, gerade wenn es um das eigene Lebenswerk geht. Umso wichtiger ist es, dass Sie wissen, wie dieser Prozess abläuft und worauf es dabei ankommt. Je besser Sie ihn verstehen, desto gelassener können Sie ihm entgegensehen.

In diesem Kapitel beschreiben wir Ihnen den ersten Teil dieses Prozesses: die Verhandlung und den Letter of Intent. Im Idealfall gibt es – darauf sind wir im vergangenen Kapitel ausführlich eingegangen – mehrere ernsthafte Kaufinteressenten für ein Unternehmen. Wie aber verhandelt man nun mit ihnen, um das Beste für sich herauszuholen? Und wie kommt man schließlich zu einem sogenannten „Letter of Intent“ (LoI), einer ersten schriftlichen Fixierung der Verhandlungsergebnisse zwischen Käufer und Verkäufer? Diese Fragen behandeln wir in diesem Kapitel. Bei einem LoI handelt es sich um eine erste Einigung. Diese gilt allerdings noch unter Vorbehalt.

Der Vorbehalt hat mit einer Besonderheit beim Unternehmenskauf zu tun. Wenn Sie ein gebrauchtes Auto kaufen, nehmen Sie es normalerweise erst genau unter die Lupe, schauen nach Rost, Kratzern und anderen Schäden. Vielleicht lassen Sie es auch von einer Werkstatt fachmännisch prüfen, um auf Nummer sicher zu gehen. Erst wenn Sie wissen, in welchem Zustand es sich befindet und welche Mängel es hat, verhandeln Sie mit dem Verkäufer über den Preis und andere Kaufmodalitäten.

Bei einem Unternehmen ist es andersherum: Weil eine richtige Prüfung extrem aufwendig ist und viel Geld kostet, zieht man die Verhandlungen vor. Man einigt sich also auf die wichtigsten Punkte – unter der Annahme, dass mit dem Unternehmen alles okay ist und die Angaben des Verkäufers stimmen. Diese Einigung hält man im Letter of Intent fest. Erst anschließend wird das Unternehmen dann im Rahmen einer Due Diligence auf Herz und Nieren geprüft und ein Kaufvertrag aufgesetzt, der schließlich beim Notar unterzeichnet wird. Auf diesen zweiten Teil des Prozesses gehen wir ausführlich im nachfolgenden Kap. 7 ein.

Muss man mit harten Bandagen kämpfen, um als Sieger vom Platz zu gehen?

Natürlich haben Käufer und Verkäufer unterschiedliche Interessen, vor allem beim Kaufpreis. Der eine möchte möglichst wenig bezahlen, der andere so viel wie möglich bekommen. Daraus ergibt sich oft die Vorstellung, dass man nur auf Kosten des anderen gewinnen kann, ihm also mit harten Bandagen und psychologischem Geschick möglichst viel abringen muss, um als Sieger vom Platz zu gehen. Wir glauben, dass diese Vorstellung falsch ist.

Der erste Grund dafür ist, dass Ihr Gegenüber dann im Zweifel einfach beschließt, nicht mehr mit Ihnen zu verhandeln. Wir haben das vor ein paar Jahren bei einer Unternehmerin erlebt, die einfach aufgestanden ist und den Raum verlassen hat, obwohl die Verhandlungen schon weit fortgeschritten waren. Der potenzielle Käufer aber versuchte, immer mehr für sich rauszuholen, mit immer neuen Begründungen. Bei jedem Verhandlungspunkt hatte man den Eindruck, als begreife er ihn als neue Runde eines sportlichen Wettbewerbs, bei dem es darum geht, den anderen mit einer ausgetüftelten Taktik niederzuringen. Das Ergebnis war, dass die Unternehmerin irgendwann genug hatte – und dem potenziellen Käufer die Gesichtszüge entglitten, als sie ihm klar und unwiderruflich mitteilte, dass sie nicht an ihn verkaufen werde, und den Raum verließ.

Was wir damit sagen wollen: Es lohnt sich nicht, den Bogen zu überspannen, weder als Käufer noch als Verkäufer. Sie müssen sich auch klar machen, dass Sie mit dem Gegenüber noch eine ganze Weile zu tun haben werden, im Laufe des weiteren Verkaufsprozesses und oft auch darüber hinaus, während einer vereinbarten Übergabephase. Wenn Sie Ihr Gegenüber gleich zu Beginn vergrätzen, wird die spätere Zusammenarbeit schwierig.

Hinzu kommt ein weiterer Punkt: Wenn Sie Ihr Unternehmen in den leuchtendsten Farben darstellen, um den Preis nach oben zu treiben, dabei vielleicht auch ein wenig bluffen oder flunkern und schwierige Dinge gezielt weglassen, wird Ihnen das später auf die Füße fallen. Noch glaubt Ihnen das Gegenüber vielleicht, spätestens bei der Due Diligence aber wird die Wahrheit ans Licht kommen. Das ist dann nicht nur unangenehm. Der potenzielle Käufer wird dann auch nachverhandeln. Oder er springt ganz ab.

Vergessen Sie also besser die Vorstellung von geschicktem Taktieren und gewieftem Über-den-Tisch-ziehen. Solche Methoden finden Sie zwar in Filmen und auch in einigen BWL-Lehrbüchern. Beim Verkauf mittelständischer Unternehmen aber gehen sie in der Regel nach hinten los.

Wie es im Idealfall läuft: Ein geordneter Prozess, in dem die Angebote immer besser werden

Wie wir bereits in Kap. 5 ausgeführt haben, nutzen wir unsere Kontakte und Kanäle, um für die Unternehmen unserer Mandanten möglichst mehrere ernstzunehmende Kaufinteressenten zu finden. Das nämlich führt ganz automatisch zu einer deutlich besseren Verhandlungsposition. Wenn mehrere Bieter im Rennen sind, steigt bei jedem von ihnen die Sorge, leer auszugehen, wenn das eigene Angebot nicht gut genug ist. Es beschleunigt auch den Verkaufsprozess, weil ein Zögern dazu führen kann, dass man aus dem Prozess ausscheidet. Zudem bietet es die Möglichkeit, den Verhandlungen einen Auktionscharakter zu verleihen. Die Idee dahinter ist, dass die Bieter sich von Runde zu Runde hochschaukeln und ihre eigenen Angebote immer wieder nachbessern.

Wie so etwas konkret ablaufen kann, möchten wir Ihnen kurz skizzieren. Schon vor dem ersten Kennenlernen mit dem Unternehmer verlangen wir von Interessenten in der Regel, eine Preisvorstellung zu nennen, um unangemessen niedrige Angebote vorab auszusortieren. Kommt es dann zu einem Gespräch, wird das Angebot auf dieser Basis aktualisiert und konkretisiert. Man spricht in diesem Zusammenhang auch von einem „Non Binding Offer", also einem Angebot, das zwar rechtlich nicht bindend ist, an das der potenzielle Käufer sich aber dennoch gebunden fühlt und das er ohne Gesichts- und Vertrauensverlust nicht einfach zurückziehen kann. In einem solchen „Non Binding Offer" steht in der Regel nicht nur der gebotene Kaufpreis oder eine Kaufpreisspanne. Der Interessent kann auch ausführen, wie er sich weitere Modalitäten des Kaufs vorstellt. Dazu gehören etwa Earn-out-Vereinbarungen.

Liegen mehrere dieser Angebote vor, kann man sie nicht nur nebeneinander legen und vergleichen. Man kann die Bieter auch auffordern, ihre Angebote an bestimmten Punkten nachzubessern, um in die nächste Runde zu kommen und vertiefte Gespräche mit dem Unternehmer zu führen. Vielleicht ist das höchste Angebot mit einer für den Unternehmer sehr langen Übergabephase verbunden – und man bittet den Bieter, hier doch noch einmal anzusetzen. Oder man macht einem potenziellen Käufer klar, dass er beim Preis substanziell hochgehen muss, weil andere deutlich mehr geboten haben. Über mehrere Runden konnten wir den Kaufpreis so in vielen Fällen deutlich steigern. Nicht selten bieten Interessenten am Ende das Doppelte des am Anfang in Aussicht gestellten Kaufpreises.

Ein solches Vorgehen ist aus unserer Sicht am besten geeignet, für den Verkäufer das Maximum herauszuholen – ganz ohne unangenehmes Gefeilsche und Geschacher.

Verhandlungen 2.0: Das richtige Mindset für die entscheidenden Gespräche mit den Bietern

Über einen Auktionscharakter können die Verhandlungen in einer Art und Weise vorangetrieben werden, die sich für den Verkäufer auszahlt. Trotzdem kann es in den vertiefenden Gesprächen natürlich zu Momenten kommen, in denen unterschiedliche Vorstellungen aufeinandertreffen. Nehmen wir einmal an, ein Interessent bietet in einer fortgeschrittenen Verhandlungsrunde 2,5 Mio. € für das Unternehmen. Sein Angebot hat er bereits mehrfach nachgebessert. Der Verkäufer bleibt aber dabei, dass er mindestens 3 Mio. € haben will. In einem solchen Moment können beide Seiten noch einmal darlegen und begründen, warum sie ihre Preisvorstellung für gerechtfertigt halten. Den Knoten aber löst das meist nicht.

Wie wir schon in Kap. 4 ausgeführt haben, lohnt es sich, die Verhandlungen in einer solchen Situation nicht als „Nullsummenspiel" zu begreifen, bei dem man nur auf Kosten des anderen gewinnen kann, sondern nach Lösungen zu suchen, die für beide Parteien einen Mehrwert haben. Dabei hilft es, sich in die Position des anderen zu versetzen. Nehmen wir einmal an, der Interessent möchte nur 2,5 Mio. € bezahlen, weil er die Marktchancen eines wichtigen Produkts skeptischer beurteilt als der Verkäufer. Es kann dann zum Beispiel eine Möglichkeit sein, einen Teil des Kaufpreises von der tatsächlichen Geschäftsentwicklung abhängig zu machen. Etwas vereinfacht dargestellt könnte man sich darauf einigen, dass die 2,5 Mio. € sofort fällig werden, die restlichen 500.000 €

aber erst dann, wenn bestimmte Umsatz- oder Gewinnschwellen erreicht werden.

Die Instrumente, die solche Lösungen ermöglichen, haben wir Ihnen in Kap. 4 bereits vorgestellt – sie reichen von Earn-out-Klauseln über Verkäuferdarlehen bis hin zu Rückbeteiligungen. An dieser Stelle soll es daher nicht um die technischen Details gehen, sondern um das Mindset dahinter. Wenn man bereit ist, die Perspektive des anderen einzunehmen, entstehen daraus nicht nur konkrete Lösungsmöglichkeiten. Es hat auch einen psychologischen Effekt. Die andere Partei fühlt sich verstanden und ernst genommen. Das wiederum erhöht die Bereitschaft, ihrerseits auf das Gegenüber zuzugehen. Es entsteht eine Atmosphäre, in der man gemeinsam mögliche Wege auslotet und Brücken baut, anstatt nur den eigenen Standpunkt zu untermauern. Solche „Verhandlungen 2.0" sind aus unserer Erfahrung nicht nur angenehmer, sondern meist auch zielführender als das klassische Gegeneinander.

In der Praxis allerdings ist das eine emotionale Herausforderung – gerade für den Verkäufer, für den es um sein Lebenswerk geht. Oft prallen ganz unterschiedliche Perspektiven und Erfahrungshintergründe aufeinander. Ein Beispiel: Während ein mittelständischer Unternehmer in der Regel vor allem und völlig zurecht das Erreichte sieht, sind für den Käufer vor allem die Zukunftsaussichten relevant. Das kann zu Spannungen führen. Der Unternehmer bekommt leicht das Gefühl, der Käufer würde gar nicht anerkennen, was er da geschaffen hat – und seinen Fokus nur auf mögliche Probleme in der Zukunft legen. Wenn dem Unternehmen dann noch ein deutlich jüngerer Angestellter eines Investors gegenübersitzt, der noch nie selbst ein Unternehmen aufgebaut hat, kann das verletzend sein.

So verständlich solche Gefühle sind: Sie helfen nicht dabei, eine Atmosphäre zu schaffen, in der ein gemeinsames Ausloten von Lösungen möglich ist. Unternehmer sollten daher versuchen, die Emotionen soweit wie möglich außen vor zu lassen. Oder aber sie geben die Verhandlungen an eine Person ihres Vertrauens ab, die emotional weniger involviert ist. Auch das ist eine Möglichkeit. Heiner Vierke etwa, der Unternehmer, mit dem wir dieses Kapitel begonnen haben, hat es genau so gemacht. Weil er wusste, dass er ein emotionaler Mensch ist, den solche Verhandlungen mitnehmen, hat er sie an seine rechte Hand delegiert – und sich selbst darauf konzentriert, weiter das Tagesgeschäft zu leiten. Eingebunden war er nur bei wichtigen Entscheidungen. „Für mich“, sagt er, „war das entlastend.“

Die vorläufige Entscheidung für einen Käufer: Mit welchem Bieter will ich den Weg bis zu Ende gehen?

Man kann in mehreren Verhandlungsrunden viel herausholen. Irgendwann aber ist der Punkt erreicht, an dem man sich entscheiden muss, zumindest vorläufig. Im Idealfall liegen mehrere gute Angebote auf dem Tisch. Der Unternehmer hat die Bieter in ausführlichen Gesprächen kennengelernt. Nun geht es darum, mit wem er den Weg bis zum Ende gehen möchte – und im nächsten Schritt einen Letter of Intent aufsetzt. Dort wird in der Regel auch Exklusivität vereinbart. Das heißt: Er darf dann für einen gewissen Zeitraum mit niemand anderem mehr verhandeln.

Der Grund dafür ist nachvollziehbar. Die nächsten Schritte, die Due Diligence und das Aufsetzen eines Kaufvertrags, auf die wir im nächsten Kapitel noch eingehen werden, sind teuer und aufwendig. Man wird daher kaum Interessenten finden, die bereit sind, das auf sich zu nehmen, wenn der Verkäufer parallel noch mit anderen Bietern verhandelt.

Für wen also entscheidet man sich? Natürlich gibt es Fälle, in denen die Sache klar ist, weil ein Angebot eindeutig das Beste ist. Häufig erleben wir aber auch Situationen, in denen es mehrere gute Angebote gibt, die sich nicht direkt vergleichen lassen. Bei einem Angebot ist vielleicht der Kaufpreis am höchsten – allerdings ist die Auszahlung an Bedingungen geknüpft und erfolgt in vollem Umfang erst in ein paar Jahren. Bei einem anderen gibt es das Geld sofort und der Unternehmer ist nach ein paar Monaten komplett raus, dafür ist die Summe aber deutlich geringer. Ein drittes Angebot liegt preislich etwas über dem zweiten. Auch hier wird der Kaufpreis auf einen Schlag bezahlt. Der Unternehmer verpflichtet sich aber, noch mindestens zwei Jahre als Berater zur Verfügung zu stehen.

An diesem Punkt muss sich der Verkäufer entscheiden, was ihm am wichtigsten ist. In der Regel wird er sich darüber vorher schon Gedanken gemacht haben. Manchmal aber geben auch menschliche Dinge am Ende den Ausschlag. Wenn man mit einem Interessenten gut kann, ist die Vorstellung, noch zwei Jahre als Berater zu Verfügung zu stehen, vielleicht sogar ganz schön. Wenn die Chemie dagegen nicht stimmt, ist diese Option weniger attraktiv. Auch das Vertrauen spielt eine große Rolle. Sie müssen den Weg ja noch gemeinsam zu Ende gehen. Auch ein gutes Angebot kann bei Unternehmern ein schlechtes Bauchgefühl erzeugen, wenn sie den Bieter etwa als unzuverlässig erlebt haben.

Der Letter of Intent: Funktion, zentrale Bestandteile und warum er beide Seiten verpflichtet

Sie können sich den Letter of Intent als eine Art vorvertragliche Absichtserklärung vorstellen. Weil das zugleich formal und unverbindlich klingt, möchten wir an dieser Stelle einen, wie wir finden, ganz passenden Vergleich bemühen. Stellen Sie sich vor, Sie haben Ihren Lebenspartner gefunden. Sie haben sich entschieden, dass Sie ihn heiraten wollen. Also machen Sie ihm einen Antrag. Wenn Ihr Partner ihn annimmt, sind Sie hinterher verlobt.

Einen solchen Antrag macht man nicht einfach so. Man hat es sich gut überlegt. Trotzdem ist eine Verlobung – formal gesehen – völlig unverbindlich. Ihr Partner kann das Eheversprechen nicht einklagen. Trotzdem werden Sie sich daran in der Regel gebunden fühlen — die allermeisten Verlobungen führen schließlich auch zur Heirat.

So ähnlich ist es mit dem Letter of Intent. Die in ihm festgehaltenen Dinge sind – mit wenigen Ausnahmen, auf die wir noch eingehen werden – rechtlich unverbindlich. Trotzdem stellt er eine moralische Verpflichtung dar. Wer eine ernsthafte Absichtserklärung abgibt, fühlt sich daran in der Regel auch im Geschäftsleben gebunden. Es ist psychologisch schwer, sie ohne triftigen Grund wieder einzukassieren – und es würde den Ruf ruinieren. Wer will schon mit jemandem Geschäfte machen, der nicht zu seinem Wort steht?

Zugleich dient der Letter of Intent als grober Rahmen für das, was später im Kaufvertrag weiter ausbuchstabiert wird. Er ist also nicht nur eine moralische Verpflichtung, sondern auch ein strategisches Werkzeug, das den weiteren Prozess auf dem Weg zum Verkauf erleichtert. In ihm werden die wichtigsten Eckpunkte benannt, ohne dass die Formulierungen gleich alle juristisch absolut wasserdicht sein müssen und Anwälte beider Seiten die Sache verkomplizieren. Das ist ein wichtiger Punkt: Noch wird nicht die Sprache von Juristen gesprochen, sondern die von Kaufmännern. Käufer und Verkäufer haben selbst den vollen Durchblick und verständigen sich untereinander auf die wesentlichen Punkte. Der Letter of Intent legt damit das Fundament für eine noch zu konkretisierende Einigung.

Was genau in dem Letter of Intent festgehalten wird, können beide Parteien individuell vereinbaren. Unser Ansatz aber ist es, schon möglichst viel abzudecken, weil davon beide Seiten profitieren. Der Käufer, weil anschließend die Due Diligence beginnt und damit die Kostenuhr für ihn tickt. Der Verkäufer, weil mit der Vereinbarung von Exklusivität der Auktionscharakter wegfällt. Taktisch ist es daher klug, so viel wie möglich zu verhandeln, solange andere Bieter noch im Rennen sind. Typischerweise werden folgende Punkte behandelt:

- **Parteien und Vertragsgegenstand:** Klärung der handelnden Parteien und des Verkaufsgegenstandes, etwa: Geht es um das gesamte Unternehmen oder um Anteile?
- **Kaufpreis:** Wie hoch ist er bzw. auf welche Kaufpreisspanne können sich beide Seiten einigen? Wenn noch keine Einigung besteht, sollte zumindest die Methode festgelegt werden, nach der der Kaufpreis ermittelt wird.
- **Kaufpreismodalitäten:** Wann wird der Kaufpreis fällig und an welche Bedingungen ist er geknüpft? Hier werden zum Beispiel Earn-out-Regelungen skizziert.
- **Übergangsregelungen:** Hier sollte festgehalten werden, welche Rolle der Verkäufer nach dem Verkauf noch spielt – und für wie lange. Führt

er für eine Weile noch weiter die Geschäfte? Steht er dem Käufer als Berater zur Seite?

- **Garantien:** Was sichert der Verkäufer dem Käufer im Rahmen von Garantien zu? Das wird später im Kaufvertrag eine entscheidende Rolle spielen, weshalb wir darauf im nächsten Kap. 7 genauer eingehen. Im Rahmen des Letter of Intent aber können die Garantien vorab schon grob umrissen werden und es kann zum Beispiel vereinbart werden, dass der Verkäufer die Richtigkeit der Bilanzen garantiert.

Diese Liste ließe sich fortsetzen. In einem Letter of Intent können auch Schlichtungsregelungen für den Konfliktfall getroffen werden oder solche, die die Übernahme von Kosten klären, die im Prozess entstehen, etwa für Anwälte und den Notar. Oft wird auch ein Wettbewerbsverbot vereinbart, das dem Verkäufer untersagt, mit einem neuen Unternehmen seinem alten Konkurrenz zu machen.

All diese Punkte sind rechtlich noch unverbindlich. Zwei Ausnahmen aber gibt es. Wenn der Verkäufer sich im Letter of Intent dazu verpflichtet, erstmal nicht mit weiteren Interessenten zu verhandeln, muss er sich an diese vereinbarte Exklusivität halten – sonst begeht er einen Vertragsbruch. Ein weiterer möglicher Baustein für einen Letter of Intent, der ebenfalls eine rechtlich bindende Wirkung hat, sind sogenannte Break-up-Fees. Es kann vereinbart werden, dass derjenige, der den weiteren Prozess ohne triftigen Grund abbricht, eine moderate Strafzahlung an die andere Partei leisten muss, etwa in Höhe von 50.000 €. Damit können Käufer und Verkäufer die Ernsthaftigkeit ihrer Absichten unterstreichen. Aus unserer Erfahrung kann das eine vertrauensbildende Maßnahme sein, die die Wahrscheinlichkeit eines erfolgreichen Unternehmensverkaufs weiter erhöht.

Grundsätzlich sollte im Letter of Intent alles festgehalten werden, worauf sich beide Parteien einigen können. Gleichzeitig sollte man nicht zu verkopft an ihn herangehen. Am besten beginnt man dort, wo eine Einigung leicht zu erzielen ist, und arbeitet sich dann zu schwierigeren Themen vor. Einzelne strittige Punkte können im Letter of Intent im Zweifel auch noch ausgeklammert werden. Es ist, wie gesagt, eine Verlobung – und noch kein Heiratsvertrag.

7

Der Kaufvertrag

Was noch ansteht, bevor es zum Notar geht – und wie Sie während der Due Diligence die Nerven behalten

Im vorangegangenen Kap. 6 haben wir den Letter of Intent mit einer Verlobung verglichen: Man hat sich für einen Käufer entschieden und ist sich mit ihm über die wichtigsten Punkte einig geworden. Das alles hat man sogar schwarz auf weiß, der Letter of Intent ist eine gemeinsame Absichtserklärung. Nun wünschen sich die meisten Unternehmer, dass der Rest ganz schnell geht, gefühlt ist ja eigentlich schon alles unter Dach und Fach.

Doch dann steht doch noch eine ganze Reihe eher unangenehmer Dinge an. Plötzlich hat man weniger mit dem Käufer selbst zu tun als mit Anwälten und Wirtschaftsprüfern. Man muss Dokumente hochladen, Belege liefern, Nachfragen beantworten. Alles zieht sich in die Länge, fühlt sich zäh und manchmal auch kleinkariert an. Aus der ursprünglichen Freude über eine Einigung kann – wenn man nicht aufpasst – schnell Ärger werden.

Dass diese Phase für den Verkäufer oft anstrengend ist, können auch wir nicht ändern. Es hilft aus unserer Sicht aber, wenn man weiß, was auf einen zukommt. Psychologisch gesehen folgt auf die vorläufige Einigung, den Letter of Intent, meist eine Phase der Anspannung.

L. Harten, T. Salzmann, *Unternehmensverkauf für Inhaber*,
https://doi.org/10.1007/978-3-658-52762-4_7

Wir möchten Ihnen das am Beispiel von Horst Reteike illustrieren. Wir haben ihn bereits in Kap. 3 vorgestellt. Sie erinnern sich: Der Unternehmer, der zunächst als Ein-Mann-Betrieb Wasserschäden beseitigte und daraus dann mithilfe seiner Söhne die RJC Trockner GmbH geformt hat, ein kleines, aber gut laufendes Handwerksunternehmen, das beachtliche Gewinne erzielt. Schließlich verkauft er es, zusammen mit seinen Söhnen, an einen Finanzinvestor.

Die Vertragserstellung: Warum bei Horst Reike nicht alles so reibungslos lief, wie der Letter of Intent erwarten ließ

Für die Verhandlungen fährt Horst Reteike von Hanau nach Frankfurt am Main. Mit dem Fahrstuhl geht es hoch hinauf in den 38. Stock eines Wolkenkratzers, der zur berühmten Frankfurter Skyline gehört. Die Verhandlungen finden in einem riesigen Konferenzraum statt. „Da hätten notfalls zwei Familien drin leben können", erinnert sich Reteike. Einmal fährt er zum Rauchen aufs Dach, in den 44. Stock. Es ist nicht seine Welt, alles kommt ihm etwas übertrieben vor. In diesem Moment aber hält er für einen Moment inne und denkt: „Hey, ich als kleiner Handwerker habe da etwas hochgezogen, das in dieser Welt von Interesse ist."

Es ist ein gutes Gefühl. Alles ist spannend. Und es geht schnell. Der Finanzinvestor stellt eine Zahl in den Raum, die deutlich höher ist, als Reteike erwartet hat. Sie steht später auch im Letter of Intent, auf den beide Parteien sich einigen. „Das lief alles sehr harmonisch ab", sagt Reteike.

Dann aber geht es ans Eingemachte. Der Finanzinvestor beauftragt eine große Wirtschaftsprüfungsgesellschaft mit der Due Diligence. Es ist ein Wort, das Horst Reteike vor dem Verkauf seiner Firma noch nie gehört hat. Reteike ist Handwerker, kein Fachmann für Finanzen. Um solche Dinge kümmert sich sein Steuerberater. Der aber, so stellt sich nun heraus, ist mit der Aufgabe überfordert. Die Dokumente, die die Wirtschaftsprüfungsgesellschaft anfordert, liefert er teilweise nicht oder nur unzureichend. Auch fällt auf, dass in der Vergangenheit nicht alles richtig verbucht wurde. Aus Reteikes Sicht sind das Kleinigkeiten, für die Wirtschaftsprüfer aber sind sie hochrelevant. Wie sollen sie sich sicher sein, dass alle Zahlen stimmen, wenn Belege fehlen oder fehlerhaft sind? Um den Verkauf seines Unternehmens nicht zu gefährden, bleibt Reteike nichts anderes übrig, als sich einen neuen Steuerberater zu suchen.

Später stößt der erste Entwurf für den Kaufvertrag bei Horst Reteike auf Unmut. Erstellt hat ihn der Anwalt des Finanzinvestors. „Der hat da entgegen der Vereinbarungen Sätze reingeschrieben, die uns klar benachteiligt hätten", sagt Horst Reteike. „Da habe ich dann irgendwann gesagt: So nicht, wenn das drin bleibt, dann bin ich raus."

Am Ende können zwar alle Probleme gelöst und der Verkauf des Unternehmens kann erfolgreich abgeschlossen werden. Das Beispiel aber zeigt, dass man das, was nach der vorläufigen Einigung noch auf einen zukommt, nicht unterschätzen sollte. Im Wesentlichen sind es zwei Punkte: Die Due Diligence und – auf Basis deren Ergebnisse – die Gestaltung des Kaufvertrags. Auf beide Punkte gehen wir in diesem Kapitel ausführlich ein. Es sind die letzten Schritte auf dem Weg zur endgültigen Einigung. Umso ärgerlicher ist es, wenn nun noch etwas schief geht.

Die Due Diligence: Warum sie kein Zeichen des Misstrauens ist – und wie Wirtschaftsprüfer ticken

Bei vielen Unternehmern löst schon das Wort „Due Diligence" ein Gefühl von Unbehagen aus. Gerade weil sie sich oft nicht richtig vorstellen können, was sich dahinter verbirgt, wirkt es bedrohlich und unangenehm. Das eigene Lebenswerk, so kann es einem vorkommen, soll einer akribischen Prüfung unterzogen werden – und man selbst wieder in die Rolle eines Schülers schlüpfen, der beweisen muss, dass er seine Hausaufgaben gewissenhaft erledigt hat.

Übersetzt ins Deutsche bedeutet der Begriff allerdings nicht viel mehr als „gebotene Sorgfalt". Das erste Mal taucht er 1933 im sogenannten Securities Act in den USA auf. Durch ihn sollen Anleger beim Kauf von Wertpapieren geschützt werden. Es wird festgelegt, dass im Zweifel nicht nur der Verkäufer für falsche oder irreführende Angaben haftet, sondern auch der Abschlussprüfer, der die Richtigkeit der Angaben testiert hat. Mit einer Ausnahme: Kann der Prüfer nachweisen, dass er die Prüfung mit der gebotenen Sorgfalt (Due Diligence) durchgeführt hat, entbindet ihn das von der Haftung. Der Gedanke dahinter ist einleuchtend: Man kann den Prüfer nur dann zur Rechenschaft ziehen, wenn er nicht sorgfältig gearbeitet hat.

Das ist der Grund, weshalb die Prüfer so genau arbeiten. Würden sie das nicht tun, müssten sie im Zweifel nämlich für einen eventuellen

Schaden mithaften. In der Regel werden Wirtschaftsprüfer oder Rechtsanwälte vom Käufer mit der Due Diligence beauftragt.

Wozu ist das nötig? Zum einen möchte der Käufer selbst wissen, ob mit dem Unternehmen alles in Ordnung ist. Das kann auf den Verkäufer übertrieben vorsichtig wirken oder gar als Zeichen des Misstrauens gewertet werden. Er sollte sich aber klar machen, wie gut er selbst sein Unternehmen kennt – und wie wenig im Vergleich dazu der Käufer wissen kann. Die Due Diligence ist ein Instrument, um diese Informationsasymmetrie zu verringern. Wie sonst soll der Käufer sich ein eigenes Bild vom Unternehmen machen?

Zum anderen braucht der Käufer den Due-Diligence-Report, der am Ende einer solchen Prüfung steht, oft auch aus ganz praktischen Gründen. Etwa, weil er die Voraussetzung für einen Bankkredit ist – und damit die Frage der Finanzierung an ihm hängt. Oder weil der Käufer ein institutioneller Investor ist und später selbst von Wirtschaftsprüfern geprüft wird. Er muss dann nachweisen, dass er sorgsam mit dem Geld der Anleger umgegangen ist. Ohne Due Diligence kann er ein Unternehmen oft gar nicht kaufen.

Was wir damit sagen wollen: Betrachten Sie die Due Diligence nicht als Zeichen des Misstrauens oder unnötige pedantische Überprüfung. Sie gehört dazu, alle Beteiligten machen lediglich ihren Job.

Finanzen, Technik, Recht: Was in der Due Diligence abgefragt wird – und wie sie in der Praxis abläuft

Zunächst einmal möchten wir Ihnen die Sorge nehmen, dass im Rahmen einer Due Diligence eine Horde von Wirtschaftsprüfern in ihrem Unternehmen aufschlägt. Die Prüfung erfolgt fast immer rein digital. Konkret bedeutet das: Sie werden aufgefordert, eine Reihe von Dokumenten in einem geschützten Datenraum hochzuladen. Diese Dokumente können die Prüfer sichten. Daraus ergeben sich in der Regel Nachfragen. Oft sind sie mit der Aufforderung verknüpft, weitere Dokumente und Belege bereitzustellen.

Dafür, was geprüft wird, gibt es kein vollständig standardisiertes Vorgehen. Es hängt vom Unternehmen und der Branche ab – und davon,

Abb. 7.1 Was bei der Due Diligence geprüft wird

was dem Käufer besonders wichtig ist. Natürlich spielen die Finanzen immer eine entscheidende Rolle. Andere Dinge können aber genauso wichtig sein. Systematisch werden oft die in Abb. 7.1 gezeigten (möglichen) Bereiche einer Due Diligence unterschieden.

Während die ersten drei Bereiche (Financial, Legal und Tax) beim Verkauf fast aller Mittelständler geprüft werden, ist eine Technik- oder Umweltprüfung nur dann sinnvoll, wenn in diesen Bereichen relevante Risiken auftreten können. Bei einem Industrieunternehmen kann das der Fall sein. Bei einer Werbeagentur ist davon in der Regel nicht auszugehen.

Um Ihnen ein Gefühl dafür zu geben, welche Dokumente im Rahmen einer Due Diligence abgefragt werden, haben wir Ihnen als Beispiel eine typische Checkliste zusammengestellt. Den Link in Form eines QR-Codes finden Sie am Ende dieses Kapitels.

Wann Prüfer misstrauisch werden – und was in der Praxis am häufigsten zu Problemen führt

Von unseren Mandanten werden wir oft gefragt, ob sie sich wegen der Due Diligence Sorgen machen müssen. Unsere Standardantwort darauf lautet: „Nicht, wenn Sie vorher die Wahrheit gesagt haben." Wer als Unternehmer in den Verhandlungen ehrlich ist, hat normalerweise nichts zu befürchten. Wer aber Dinge verschwiegen oder beschönigt hat, muss damit rechnen, dass es herauskommt.

Ein Beispiel: Wenn Sie dem Käufer erzählen, dass alle ihre Kunden hochzufrieden sind, dessen Wirtschaftsprüfer in den Jahresabschlüssen aber hohe Aufwendungen für Rechtsanwälte entdeckt, wird an dieser Stelle sicher nachgefragt. Wenn sich dann herausstellt, dass Sie mit mehreren Kunden seit Jahren im Rechtsstreit liegen, kann das unangenehm sein. Der Käufer wird dann genau wissen wollen, was in diesen Fällen noch auf ihn zukommen kann. Eventuell zieht er auch grundsätzlich in Zweifel, dass Ihre Kunden wirklich so zufrieden sind, wie Sie es in den Verhandlungen behauptet haben.

Aus unserer Erfahrung aber kommt es nur selten vor, dass während der Due Diligence Dinge ans Licht kommen, die die Glaubwürdigkeit des Unternehmers beschädigen. Deutlich häufiger sind Fälle wie der von Horst Reteike, in denen beim Verkauf des Unternehmens auffällt, dass der Steuerberater seinen Job nicht so erledigt hat, wie man sich das gewünscht hätte. Gerade wenn Unternehmen schnell gewachsen sind, beobachten wir das immer wieder. Der Steuerberater stammt dann oft noch aus der Anfangszeit des Unternehmens. Im Alltag fällt gar nicht auf, dass er überfordert ist. Wenn dann aber im Rahmen der Due Diligence Zahlen nicht stimmen oder Dinge falsch verbucht wurden, können schon kleine Fehler das Misstrauen der Prüfer wecken. Wie konnte das passieren? Ist das alles? Wie belastbar ist der Rest der Zahlen?

Dabei spielt auch eine Rolle, dass die Kostenuhr für den Käufer läuft. Eine Due Diligence ist teuer, Wirtschaftsprüfer verlangen oft 450 € pro Stunde. Insgesamt kann eine solche Prüfung den Käufer leicht 50.000 € kosten.

Das hat für den Verkäufer eigentlich einen guten Effekt: Wer schon so viel Geld für die Due Diligence ausgegeben hat, möchte auch, dass der Deal zustande kommt – und lässt ihn nicht einfach so platzen. Wenn der Käufer aber das Gefühl bekommt, dass die Due Diligence immer aufwendiger wird, Zahlen nicht stimmen und Dokumente nicht rechtzeitig geliefert werden, kann er auch zu der Entscheidung gelangen, dass es besser ist, früh die Reißleine zu ziehen, bevor die Kosten aus dem Ruder laufen.

Ein weiterer Punkt, der in der Praxis immer wieder zu Problemen führt, sind Pensionsrückstellungen. Viele Unternehmer bieten ihren Mitarbeitern eine betriebliche Altersvorsorge an. Buchhalterisch handelt es sich um Pensionsverpflichtungen. Das Problem ist, dass diese mit erheblichen Risiken verbunden sind. Was, wenn der Mitarbeiter deutlich länger lebt als für die Rückstellungen kalkuliert? Oder sich die damit verbundene Geldanlage nicht so entwickelt wie erhofft? Ein Käufer hat kein Interesse daran, diese unkalkulierbaren Risiken im Rahmen des Unternehmenskaufs zu übernehmen. Häufig besteht die einzige Lösung darin, die Pensionsverpflichtungen vorher im Rahmen eines sogenannten „Pension Buy-outs" an eine darauf spezialisierte Gesellschaft zu übertragen.

Grundsätzlich muss man sich die Due Diligence wie ein Ping-Pong-Spiel vorstellen. Die Prüfer fordern Dokumente an. Der Verkäufer liefert sie. Hinterher haben die Prüfer oft Nachfragen oder wollen weitere Dokumente sehen. Dann ist wieder der Verkäufer an der Reihe. So kann es theoretisch immer weiter gehen. Die Prüfer dürfen alles anfordern. Der Verkäufer hat aber auch das Recht, nein zu sagen. Das kann leicht zu einem Machtspiel werden. Aus unserer Erfahrung aber sollte man das unbedingt vermeiden. Je konstruktiver der Verkäufer mitarbeitet, desto schneller ist das Ping-Pong-Spiel in der Regel zu Ende.

Wie sich die Ergebnisse der Due Diligence auf die Verhandlungen und den Kaufvertrag auswirken können

Im vergangenen Kapitel haben wir den Kauf eines Unternehmens mit dem eines Gebrauchtwagens verglichen. Während man den Gebrauchtwagen normalerweise erst genau unter die Lupe nimmt und dann über den Preis verhandelt, ist es bei einem Unternehmen andersherum. Im Letter of Intent einigt man sich bereits vorläufig auf einen Preis und andere Modalitäten. Die aufwendige Prüfung im Rahmen der Due Diligence kommt erst hinterher. Was aber passiert dann? Wie wirken sich die Ergebnisse der Due Diligence auf den Preis und den Kaufvertrag aus?

Die Sorge vieler Unternehmer ist, dass der Käufer die Ergebnisse der Due Diligence nutzt, um den Preis zu drücken. Aus unserer Erfahrung aber kommt das so gut wie nie vor. Entweder sind die in der Due Diligence aufgetauchten Mängel so gravierend, dass der Käufer den Prozess abbricht, oder aber er hat bereits so viel Geld für die Due Diligence ausgegeben, dass er den Deal nun auch abschließen möchte. Er hat dann kein Interesse daran, die im Letter of Intent mühsam erzielte Einigung durch nachträgliche Preisverhandlungen zu gefährden.

Garantien: Worum bei der Verhandlung des Kaufvertrags oft am intensivsten gerungen wird

Wesentlich häufiger kommt es vor, dass die in der Due Diligence aufgetauchten Schwachstellen über Garantien im Kaufvertrag aufgefangen werden. Ein Beispiel: Kommen bei der steuerlichen Prüfung Zweifel auf, dass alle Steuern ordnungsgemäß abgeführt wurden, kann vereinbart werden, dass der Verkäufer im Rahmen einer Garantie alle Steuerrisiken aus der Vergangenheit übernimmt.

Insgesamt sind Garantien der Punkt, um den bei der Ausarbeitung eines Kaufvertrags am intensivsten gerungen wird. Wofür ist der Verkäufer nach dem Verkauf noch verantwortlich? Und bis zu welchem Grad kann und muss er Dinge garantieren? Ein Beispiel: Wenn zum Unternehmen ein Betriebsgrundstück gehört, geht es oft um die Bodenbeschaffenheit. Das ist aus Käufersicht verständlich. Ist der Boden etwa durch Öl oder Pestizide verunreinigt, hat man als Eigentümer ein großes Problem. Der Käufer möchte dieses Risiko nicht tragen und verlangt vom Verkäufer daher eine Garantie, dass der Boden frei von Altlasten ist. Woher aber soll der Verkäufer das so genau wissen? Was, wenn früher auf dem Grundstück mal Ackerbau betrieben wurde oder eine Fabrik stand?

Um mit kniffligen Fragen dieser Art umzugehen, gibt es grundsätzlich drei verschiedene Arten von Garantien, die wir Ihnen an dieser Stelle kurz erläutern möchten:

1. **Die uneingeschränkte Garantie:** Sie gilt auch dann, wenn der Verkäufer von einem Mangel oder einem Verstoß nichts wusste und auch nichts wissen konnte. Um im Beispiel zu bleiben: Werden auf dem Grundstück später Altlasten gefunden, haftet er in jedem Fall dafür, auch wenn die Vorbesitzer des Grundstücks für eine Verunreinigung des Bodens verantwortlich sind und der Verkäufer nichts von dem Problem wusste.
2. **Die Kenntnis-Garantie:** Der Verkäufer garantiert nur, dass ihm nach „bestem Wissen“ keine Altlasten auf dem Grundstück bekannt sind. Er haftet nur dann, wenn der Käufer ihm später das Gegenteil nachweisen kann.
3. **Die Wissen-Müssen-Garantie:** Sie bezieht sich anders als die Kenntnis-Garantie nicht nur auf den Fall, dass der Verkäufer von den Altlasten wusste, sondern auch auf fahrlässige Unkenntnis, also auf den Fall, dass er es zwar nicht wusste, eigentlich aber hätte wissen müssen. Im Beispiel: Wenn es eine Bodenuntersuchung gab, der geschäftsführende Unternehmer davon aber nichts mitbekommen hat, ließe sich argumentieren, dass es sich um fahrlässige Unkenntnis handelt. Es wäre die Aufgabe des Unternehmers gewesen, sich zu informieren.

Wie ein Kaufvertrag in der Praxis entsteht – und wie man verhindert, dass sich die Anwälte endlos streiten

Sie erinnern sich an den Unmut von Horst Reteike, als er den ersten Kaufvertragsentwurf gelesen hat. Das ist nicht ungewöhnlich. Der erste Entwurf wird meist vom Anwalt des Käufers geschrieben – und dessen Aufgabe ist es nun mal, für seinen Mandanten das Beste herauszuholen.

Weil das immer wieder zu Verstimmungen führt, haben wir vor einigen Jahren einen Anwalt gebeten, doch bitte mal versuchsweise einen komplett neutralen Kaufvertrag aufzusetzen. Seine Antwort war: „Den gibt es nicht." Einzelne Formulierungen sind entweder eher käufer- oder verkäuferfreundlich. Eine neutrale Mitte gibt es nicht.

Den ersten Entwurf eines Kaufvertrages sollten Sie daher nicht überbewerten. Es ist normal, dass Sie darin Dinge finden werden, die Ihnen nicht gefallen. Gerade wenn er, wie im Fall von Horst Reteike, inklusive aller Nebenvereinbarungen einen ganzen Aktenordner füllt.

Der übliche Prozess ist, dass Sie den Entwurf der Gegenseite nun mit ihrem eigenen Anwalt besprechen, Änderungen einfügen oder einen Gegenvorschlag machen. Wichtig ist dabei, dass Sie einen Anwalt haben, der auf solche Transaktionen spezialisiert ist. Wir schreiben das nicht ohne Grund. Immer wieder erleben wir, dass Mandanten einen Anwalt ihres Vertrauens beauftragen, der aber kaum Erfahrung in diesem Bereich hat und den ganzen Prozess dadurch verzögert oder gar gefährdet. Ein Vergleich, den wir dazu manchmal bemühen: Wenn Sie Herzprobleme haben, diese aber nicht vom Kardiologen, sondern von einem Hausarzt behandeln lassen, wird der auch eher vorsichtig agieren, um keine Fehler zu machen. Das aber kann im Zweifel erst recht zu Problemen führen.

Eine weitere Gefahr besteht darin, dass man sich das Heft von den Anwälten zu sehr aus der Hand nehmen lässt. Wir haben das oft erlebt: Wenn nur noch Anwälte miteinander kommunizieren, verlieren sich beide Seiten oft in juristischen Spitzfindigkeiten, es geht immer wieder hin und her und die Stimmung verschlechtert sich zusehends. Für die Anwälte selbst ist das kein Problem. Sie verdienen gut daran – selbst wenn der Deal am Ende scheitert.

Aus unserer Erfahrung hat sich daher folgendes Verfahren bewährt: Der Vertragsentwurf der Käuferseite wird vom Verkäuferanwalt nach Rücksprache mit seinem Mandanten kommentiert. Anschließend tauschen sich die Anwälte einmal untereinander aus. Wenn dann noch Punkte offen sind, sollte man alle Beteiligten an einen Tisch bringen: Käufer, Verkäufer, Berater und Anwälte. Dann wird die Tür abgeschlossen und – so zumindest kommunizieren wir es gerne – erst wieder aufgemacht, wenn sich alle einig sind.

Dahinter steht ein Gedanke, der für den gesamten Verkaufsprozess wichtig ist: Käufer und Verkäufer sollten den direkten Draht zueinander nicht verlieren. Wer nur noch über Wirtschaftsprüfer und Anwälte miteinander redet, verliert bei allen berechtigten Fragen leicht das Wesentliche aus den Augen. Gerade wenn es schwierig wird, kann ein direktes Gespräch zwischen Käufer und Verkäufer helfen. So war es übrigens auch bei Horst Reteike. Der Käufer hat verstanden, was ihn an dem ersten Kaufvertragsentwurf störte – und daraufhin auf seinen Anwalt eingewirkt.

Der Termin beim Notar: Warum die letzte Phase des Verkaufsprozesses von maximaler Anspannung geprägt ist

Wenn sich beide Seiten auf den Kaufvertrag geeinigt haben, muss er beim Notar unterzeichnet werden. Man könnte denken, dass nun, nach monatelangen Verhandlungen und Prüfungen, wenn alles unter Dach und Fach scheint, die Last abfällt und Käufer und Verkäufer die Korken knallen lassen. So ist es aber aus mehreren Gründen nicht.

Zum einen – das erleben wir immer wieder – kommt beim Verkäufer kurz vorher oft die Sorge hoch, er könne doch einen schweren Fehler begehen. Das hat dann meist nur vordergründig mit irgendwelchen Details des Kaufvertrags zu tun. Tatsächlich geht es um den Abschied vom eigenen Lebenswerk. Egal, wie viele rationale Argumente für den Verkauf sprechen: Wenn es ernst wird, sind auch gestandene Unternehmer nicht davor gefeit, von ihren Gefühlen übermannt zu werden. Wir haben am Abend vor dem Notartermin schon viele solcher Gespräche geführt.

Zum anderen bleibt bis zum Schluss die Unsicherheit, ob der Käufer wirklich beim Notar erscheinen wird – oder im letzten Moment doch noch kalte Füße bekommt. Auch das haben wir schon erlebt. Die letzte Phase des Verkaufsprozesses ist daher geprägt von maximaler Anspannung. Die Erleichterung stellt sich erst später ein.

Gerade auf dem Land findet man deshalb erfahrene Notare, die beiden Seiten zur Begrüßung erstmal einen Schnaps anbieten. Andere holen hinterher, wenn alles unterschrieben ist, den Champagner aus dem Kühlschrank. Die Wahrheit aber ist, dass beide Seiten oft so erschöpft sind, dass ihnen gar nicht nach Feiern zumute ist. Hinzu kommt ein weiterer Grund: Sie wissen, dass selbst nach der Unterzeichnung des Kaufvertrags noch immer etwas schief gehen kann.

Warum ist das so? Der Verkauf des Unternehmens besteht rechtlich aus zwei Schritten: Der erste, das sogenannte Signing, ist die Unterzeichnung beim Notar. Der zweite, das sogenannte Closing, erfolgt aber erst, wenn der Kaufpreis oder die vereinbarte erste Tranche überwiesen wurde. Erst danach überträgt der Notar das Unternehmen oder die entsprechenden Anteile rechtsverbindlich auf den Käufer. Normalerweise ist das eine Formalie. Es gibt aber auch herausfordernde Situationen. Wenn etwa eine Bank zwischen Signing und Closing die Finanzierung zurückzieht, ist das für alle Beteiligten eine schwierige Situation.

Damit möchten wir Ihnen keine Angst machen. In aller Regel gibt es nach dem Notartermin keine bösen Überraschungen mehr. Wenn wir aber gefragt werden, wann der richtige Zeitpunkt ist, die Mitarbeiter zu informieren und für sich selbst endgültig ein neues Kapitel aufzuschlagen, ist unsere Antwort immer die gleiche: Wenn die Tinte trocken und das Geld auf dem Konto ist.

Sie wollen wissen, welche Dokumente im Rahmen einer Due Diligence abgefragt werden? Wir haben Ihnen eine typische Checkliste zusammengestellt. Dazu können Sie einfach den QR-Code scannen:

8

Die Dealbreaker

Woran ein Verkauf in der Praxis am häufigsten scheitert – und wie Sie diese Dealbreaker rechtzeitig erkennen

Vor einigen Jahren haben wir einen Unternehmensverkauf begleitet, der fast gescheitert wäre. Das Unternehmen, um das es ging, gehörte einem geschiedenen Ehepaar. Der potenzielle Käufer hatte großes Interesse. Eigentlich lief alles nach Plan. Eine Einigung schien zum Greifen nah.

Immer aber, wenn es ernst wurde, kam der Ex-Mann der Unternehmerin mit neuen Bedenken oder Forderungen um die Ecke. Wir standen vor einem Rätsel: Warum verhielt er sich so? Wollte er mehr Geld für sich herausholen? War das eine mit uns nicht abgesprochene Verhandlungstaktik?

Erst viel später haben wir begriffen, dass etwas ganz anderes dahintersteckte: Das Unternehmerehepaar war zwar geschieden. Der Mann aber konnte sich damit nicht abfinden. Er hat seine Frau noch immer geliebt. Es gab nur zwei Dinge, über die er noch Kontakt zu ihr hatte: den gemeinsamen Hund – und das Unternehmen. Dass er die Verkaufsverhandlungen immer wieder torpedierte, war keine Strategie, um den Kaufpreis nach oben zu treiben. Er wollte schlicht den Zugang zu seiner Frau nicht verlieren.

Wir erzählen diese Geschichte, weil sie zeigt, wie breit das Spektrum an Möglichkeiten ist, an denen ein Verkauf in der Praxis scheitern kann –

L. Harten, T. Salzmann, *Unternehmensverkauf für Inhaber*, https://doi.org/10.1007/978-3-658-52762-4_8

und wie schwer es manchmal ist, diese Probleme rechtzeitig zu erkennen und Lösungen zu finden. Dafür gibt es kein Patenrezept. Jedes Unternehmen ist anders. Kein Verkauf gleicht dem anderen. Man muss sich auf die Menschen dahinter einlassen. Das kann zwar herausfordernd sein. Es ist aber auch das, was unseren Job so interessant macht und weshalb wir ihn so mögen.

Dennoch lassen sich auf Basis unserer jahrelangen Erfahrung ein paar Dinge identifizieren, an denen Transaktionen immer wieder scheitern. Diese Dealbreaker lassen sich in vier Kategorien einteilen. Auf sie wollen wir in diesem Kapitel eingehen. Einiges wird neu für Sie sein, anderes Ihnen vielleicht bekannt vorkommen, weil wir es in früheren Kapiteln bereits gestreift haben. Wir glauben aber, dass es sinnvoll ist, die wichtigsten Dealbreaker an dieser Stelle einmal kompakt und systematisch zu umreißen. Wer um sie weiß, kann die Gefahr des Scheiterns deutlich verringern.

Die wirtschaftliche Situation verschlechtert sich

Stellen Sie sich vor, Sie haben ein gut laufendes Unternehmen und wollen es verkaufen. In den vergangenen Jahren haben Sie hohe Gewinne erzielt. Im Schnitt waren es – nur um eine Zahl zu nennen – zwei Millionen Euro. Auf dieser Basis wurde eine Unternehmensbewertung erstellt, Interessenten wurden angesprochen und Verhandlungen geführt. Nun steht der Letter of Intent und die Due Diligence läuft.

Das Problem ist: Der Prozess zieht sich in die Länge – und währenddessen verschlechtert sich die wirtschaftliche Gesamtlage. Das kriegt auch Ihr Unternehmen zu spüren. Der Gewinn bricht ein. Er beträgt nur noch 500.000 €.

Für den Käufer kann das Fragen aufwerfen: Will ich das Unternehmen wirklich noch zu diesem Preis kaufen? Ist die Bewertungsgrundlage jetzt nicht eine ganze andere? Und: Übernehme ich mich mit dem Kauf nicht vielleicht in einer wirtschaftlich so angespannten Gesamtsituation?

Dies ist ein Punkt, den Sie als Unternehmer nie komplett unter Kontrolle haben. Während eines Verkaufsprozesses dreht sich die Welt weiter. Wenn Sie Pech haben, verdüstern sich die wirtschaftlichen Aussichten. Vielleicht schlittert das Land in eine Rezession – und auch Ihr Unternehmen kann sich dem Abwärtssog nicht entziehen.

Aus unserer Sicht hilft dagegen nur, den Verkaufsprozess so kurz wie möglich zu halten. Je länger er sich zieht, desto größer ist die Gefahr, dass die Konjunktur oder andere unvorhersehbare Ereignisse, die Ihre Zahlen verschlechtern, Ihnen einen Strich durch die Rechnung machen. Auch deshalb drücken wir bei jedem Mandat so aufs Tempo. Und wir sind stolz darauf, dass ein von uns begleiteter Verkauf im Schnitt nur zwischen sechs und zwölf Monaten dauert.

Wir ermutigen auch unsere Mandanten, selbst alles dafür zu tun, dass es zu keinen Verzögerungen kommt. Das erspart ihnen nicht nur Nerven, sondern minimiert auch die Gefahr, dass die wirtschaftliche Lage zum Dealbreaker wird.

Die Finanzierung kommt nicht zustande

Wir haben das Thema der Finanzierung bereits in mehreren Kapiteln dieses Buches behandelt. In Kap. 4 haben wir Ihnen erklärt, warum es gerade für Einzelpersonen oft schwierig ist, den Kaufpreis zu stemmen, und weshalb auch Finanzinvestoren, die eigentlich über genug Kapital verfügen, gerne mit Fremdkapital arbeiten. Wir haben Ihnen auch erläutert, wie ein Verkäuferdarlehen helfen kann, eine Finanzierung auf die Beine zu stellen. Im Kap. 5 sind wir darauf eingegangen, warum wir schon bei der Auswahl von Interessenten darauf achten, dass genug Eigenkapital vorhanden ist, und dazu im Zweifel auch Nachweise anfordern. Im Kap. 7 haben Sie erfahren, dass ein Verkauf selbst nach dem Notartermin noch ins Wanken geraten kann, wenn die Bank einen Rückzieher macht.

Wenn Sie dieses Buch also bis hierhin gelesen haben, ist Ihnen vermutlich schon klar, wie wichtig das Thema der Finanzierung ist – und wie schnell es zum Dealbreaker werden kann. Wir möchten das an dieser Stelle mit einigen Fällen aus der Praxis veranschaulichen – und erklären, was Sie tun können, um das Risiko möglichst gering zu halten.

Ein wichtiger Punkt, den wir unseren Mandanten immer sehr früh erläutern, betrifft den Kaufpreis. Natürlich ist ein hoher Kaufpreis in ihrem Sinne. Er muss aber auch realistisch sein. Warum das so ist? Stellen Sie sich vor, ein Unternehmen macht eine Million Euro Gewinn vor Zinsen und Steuern (EBIT) im Jahr. Aus diesen Gewinnen muss der Käufer den Kaufpreis später wieder herausholen, damit es sich für ihn rechnet.

Wenn der Unternehmer nun aber auf dem Standpunkt steht, dass er für unter zehn Millionen Euro nicht verkaufen möchte, wird es schwierig. Der Grund dafür ist simpel: Von dem jährlichen Gewinn gehen noch Steuern und Zinsen ab. Schon bei einem Kaufpreis von sechs Millionen Euro würde es über den Daumen gerechnet rund zehn Jahre dauern, bis der Käufer den Kaufpreis refinanziert hat. Verlangt man deutlich mehr, verlängert sich der Zeitraum entsprechend.

Nun kann man sich als Verkäufer auf den Standpunkt stellen, dass das nicht das eigene Problem ist. Soll der Käufer doch zusehen, wie er die Gewinne erhöht! Oder es dauert eben mehr als zehn Jahre, bis er das Geld wieder raus hat! Diese Sichtweise geht aber nur auf, wenn der Käufer den Kaufpreis komplett aus Eigenmitteln finanziert. Dann hat er zwar vermutlich einen schlechten Deal gemacht. In der Finanzszene spricht man in diesem Zusammenhang von „Stupid Money". Dem Verkäufer aber kann das egal sein. Für ihn ist es ein gutes Geschäft.

In der Praxis aber tritt dieser Fall so gut wie nie ein. Fast immer wird ein Teil des Kaufpreises mit Fremdkapital finanziert, in der Regel über Banken. Diese werden immer ganz genau hinschauen, ob sich die Investition rechnet und ob sie sich im Rahmen einer Finanzierung beteiligen. Die Wahrheit ist, dass kaum eine Bank einen Deal finanzieren wird, der sich auch nach zehn Jahren voraussichtlich noch nicht ausgezahlt hat. Es nützt dem Verkäufer dann wenig, dass er dem Käufer einen eigentlich zu hohen Kaufpreis abgerungen hat. Der Deal scheitert am Veto der Banken.

Was wir damit sagen wollen: Eine Finanzierung kann an unrealistisch hohen Kaufpreisvorstellungen des Verkäufers scheitern. Wir betrachten es zwar als unsere Aufgabe, den bestmöglichen Kaufpreis für unsere Mandanten herauszuholen. Manchmal aber kann das auch bedeuten, ihnen klarzumachen, dass ab einer gewissen Höhe eine seriöse Finanzierung so gut wie unmöglich wird.

Neben einer realistischen Einschätzung des Kaufpreises hilft es auch, einen Transaktionsberater an Bord zu haben, der Erfahrung mit kniffligen Finanzierungen hat und weiß, wie Banken und andere Fremdkapitalgeber ticken. Das müssen nicht wir sein. Es hilft aber, wenn der Berater selbst mal für eine Bank gearbeitet hat oder einen ähnlichen Hintergrund vorweisen kann. Wir selbst beraten zwar den Verkäufer. Wenn nötig, denken wir die Finanzierung für den Käufer aber während des gesamten Prozesses mit. Gerade wenn Einzelpersonen ein Unternehmen übernehmen möchten, ist diese zusätzliche Kompetenz oft notwendig.

Trotzdem kommt es auch für uns immer wieder zu herausfordernden Momenten. Vor einigen Jahren zum Beispiel waren wir damit beauftragt, eine große Ergotherapie-Praxis in Leipzig zu verkaufen. Die beiden Unternehmerinnen waren sich mit dem Käufer einig und der Notartermin für den nächsten Tag war um 14 Uhr terminiert. Wir sind also nach Leipzig gefahren, haben im Hotel übernachtet und wollten gerade losfahren zum Notar, als der Anruf vom Käufer kam: Die Finanzierung klappt nicht.

Eine solche Situation ist auch für uns, die tagtäglich mit Firmenverkäufen zu tun haben, schwierig. Für die Unternehmerinnen aber, die fest davon ausgegangen sind, an diesem Tag ihr Unternehmen zu verkaufen, war es eine Katastrophe. Immerhin konnten wir die Zeit bis zum vereinbarten Termin noch nutzen, um ein paar Telefonate zu führen. So konnten wir neben der schlechten Nachricht auch eine gute verkünden: Der Prozess geht weiter, wir haben bereits mit anderen Interessenten gesprochen. Einige Wochen später wurde die Praxis dann wirklich verkauft.

Nun werden Sie sich vielleicht fragen, wie es trotz aller Vorsichtsmaßnahmen zu solchen Situationen kommen kann. Wir möchten Ihnen das an einem weiteren Beispiel illustrieren.

Die fehlende Million: Wie die Finanzierung des Unternehmensverkaufs von Guido Hiller beinahe scheiterte

Sie erinnern sich an Guido Hiller, den Ingenieur, der so gerne Maschinen baut, insgesamt drei Unternehmen gegründet hat – und heute an einer Fachhochschule lehrt. Bei ihm wollte seine Hausbank, die die Unternehmen natürlich gut kannte und einschätzen konnte, die Transaktion finanzieren. Nach umfänglicher Prüfung aller Zahlen stimmte der Kreditausschuss zu. Hiller und der Käufer wurden darüber telefonisch informiert. Auf dieser Basis unterzeichneten sie dann den Kaufvertrag.

Womit niemand gerechnet hat: Einer der Bankvorstände, der sich in der Sitzung des Kreditausschusses vertreten ließ, intervenierte später. Die Bank zog daraufhin einen Teil der Kreditzusagen zurück. Plötzlich fehlte mehr als eine Million Euro, um die Transaktion zu den vereinbarten Konditionen über die Bühne zu bringen. Es war eine äußerst angespannte Situation. Nur mit Zugeständnissen von Käufer und Verkäufer konnte sie am Ende noch gelöst werden.

Hätte man also besser warten sollen, bis auch die schriftliche Zusage der Bank vorliegt? Rückblickend würde man diese Frage mit Ja beantworten. Gleichzeitig aber möchte man den Verkauf aus den bereits genannten Gründen so schnell wie möglich abschließen. Insofern muss man in der Praxis immer abwägen zwischen der absoluten Sicherheit, dass die Finanzierung steht – und dem genauso wichtigen Drang, schnell voranzukommen.

Das Zahlenwerk wirft zu viele Fragen auf

Auf diesen möglichen Dealbreaker sind wir bereits in Kap. 7 eingegangen. Wenn im Rahmen der Due Diligence auffällt, dass Zahlen nicht stimmen, Dinge falsch verbucht wurden oder Nachweise nicht erbracht werden können, kommen beim Käufer leicht Zweifel auf: Liegt es nur an einer schlampigen Buchführung oder steckt mehr dahinter? Worauf kann ich mich überhaupt verlassen, wenn einzelne Zahlen nicht stimmen?

Egal, ob diese Zweifel berechtigt sind oder nicht – in der Praxis sind sie der häufigste Grund, dass der Käufer nach oder während der Due Diligence den Prozess abbricht. Aus seiner Sicht ist das nachvollziehbar. Stellen Sie sich vor, Sie wollen einen Gebrauchtwagen kaufen und Ihnen wird von der Werkstatt Ihres Vertrauens mitgeteilt, dass der angegebene Kilometerstand nicht richtig sein kann. Sie wissen zwar nicht, ob der Verkäufer den Tacho absichtlich manipuliert hat oder ob er selbst nichts davon wusste. Im Zweifel aber werden Sie lieber die Finger von dem Auto lassen.

Wenn Sie also noch genug Zeit vor dem Verkauf haben, stellen Sie sicher, dass Ihre Buchhaltung keine Fragen aufwirft. Vertrauen Sie nicht blind Ihrem Steuerberater, sondern holen Sie sich im Zweifel eine zweite Meinung ein. Sie selbst wissen zwar, ob Ihr Unternehmen solide wirtschaftet. Für einen Käufer aber sind die Zahlen und Bilanzen die einzige Möglichkeit, sich ein eigenes Bild zu machen.

Was aber, wenn erst während der Due Diligence auffällt, dass der Steuerberater seinen Job nicht richtig gemacht hat? In Kap. 7 haben wir Ihnen bereits davon berichtet, dass der Unternehmer Horst Reteike sich gezwungen sah, in dieser Situation seinen Steuerberater zu wechseln. Auch das birgt während einer laufenden Due Diligence aber Risiken. Ein neuer Steuerberater fängt bei null an und muss sich in der Regel erstmal einarbeiten. Oft ist es deshalb die bessere Option, mit dem alten Steuerberater weiterzumachen – und sich zu überlegen, welchen Anreiz man ihm bieten kann, die Due Diligence noch gemeinsam in einem letzten Kraftakt zu bewältigen.

Jemand verfolgt eine Hidden Agenda

Begonnen haben wir dieses Kapitel mit der Geschichte des Mannes, der die Verkaufshandlungen torpediert, weil er seine Frau noch liebt und den Zugang zu ihr nicht verlieren möchte. So ungewöhnlich dieser Fall ist: Das Muster dahinter, dass an dem Verkaufsprozess beteiligte Personen eigene Interessen verfolgen, die auf den ersten Blick nicht zu erkennen sind, begegnet uns immer wieder. Sie verfolgen eine sogenannte Hidden Agenda, ein verstecktes Ziel. Auch das kann in der Praxis zum Dealbreaker werden.

Um einer Hidden Agenda auf die Spur zu kommen, hilft es, sich die möglichen Eigeninteressen der Beteiligten vor Augen zu führen. Für einen Steuerberater zum Beispiel ist ein Unternehmensverkauf ganz nüchtern betrachtet keine gute Nachricht. Oft verliert er dadurch seinen Mandanten. Und dann wird auch noch von ihm erwartet, dass er diesem Mandanten während der Due Diligence mit aller Kraft zur Seite steht, ungeplant neue Aufgaben übernimmt und dafür vielleicht sogar andere Mandanten vernachlässigt. Aus seiner Sicht wäre es einfacher, wenn alles beim Alten bliebe. Das sollte man als Verkäufer wissen. Wenn der Steuerberater etwa rät, zu diesem Preis doch lieber nicht zu verkaufen, können dahinter auch Eigeninteressen stecken.

Ein weiteres Beispiel sind die an der Transaktion beteiligten Anwälte. Sie können den Prozess kompliziert und langwierig machen, weil sie vor allem darauf bedacht sind, die Risiken für ihre Mandanten zu minimieren. Auch verdienen sie gut an jeder weiteren Runde, die Käufer und Verkäufer etwa bei der Aushandlung des Kaufvertrages drehen. Ob es am Ende zu einem Abschluss kommt oder nicht, spielt für sie aus wirtschaftlicher Sicht keine Rolle.

Auch der angestellte Geschäftsführer eines zu verkaufenden Unternehmens kann bei Verhandlungen mit am Tisch sitzen und eigene Interessen verfolgen. Natürlich wird er auch an seine eigene Zukunft denken – und sich fragen, welche Rolle er nach dem Verkauf im Unternehmen spielen wird. Vielleicht kommt ihm ein strategischer Investor, der expandieren möchte und ihn als Geschäftsführer weiter beschäftigen würde, ganz gelegen. Bei einem Einzelkäufer, der das Unternehmen selbst leiten möchte, fürchtet er dagegen um seine eigene Stellung.

Solche Eigeninteressen sind verständlich und sollten nicht dazu führen, dass man jedem Beteiligten gleich unterstellt, nur seine eigene Agenda im Kopf zu haben. Es ist aber gut, wenn man um sie weiß – und aufpasst, dass sie nicht zum Dealbreaker werden. Konkret kann das zum Beispiel bedeuten, dass man den Anwälten das Heft irgendwann auch wieder aus der Hand nimmt. Oder eben seinem Steuerberater einen finanziellen Anreiz bietet, die Due Diligence gemeinsam erfolgreich zu Ende zu bringen.

Natürlich – das sei an dieser Stelle zur vollen Transparenz gesagt – haben auch wir als Transaktionsberater ein eigenes Interesse. Wir wollen das Unternehmen verkaufen. Nur dann bekommen wir eine Provision und der Aufwand hat sich gelohnt. Es gibt jedoch einen entscheidenden Unterschied: Anders als bei anderen Beteiligten sind unsere Interessen deckungsgleich mit denen des Verkäufers. Auch er will verkaufen. Und je höher der Kaufpreis, desto höher ist auch unsere Provision. Während die Interessen anderer Beteiligter also zum Dealbreaker werden können, setzen wir als Dealmaker alles daran, das zu verhindern.

9

Die Steuern

Was Sie an den Fiskus zahlen müssen – und welche Möglichkeiten es gibt, diese Last zu reduzieren

Wenn der Verkauf unter Dach und Fach und das Geld auf dem Konto ist, bleibt noch eine Frage, die uns von Unternehmern immer wieder gestellt wird: Was davon kann ich behalten – und was muss ich an den Fiskus abführen?

Wir empfehlen unseren Mandanten immer, dazu frühzeitig mit einem Steuerberater zu sprechen. Wichtig ist, dass es sich um einen Steuerberater handelt, der mit solchen Transaktionen Erfahrungen hat. In der Regel hat man dann eine ganz gute Vorstellung davon, was auf einen zukommt. Zur Wahrheit gehört aber auch, dass ein Stück Unsicherheit bleibt. Erst wenn der Bescheid vom Finanzamt kommt, weiß man genau, wie viele Steuern man bezahlen muss.

So war es auch bei den Bethkenhagens, dem Unternehmerehepaar, das Sie in diesem Buch schon in mehreren Kapiteln kennengelernt haben. Vom Steuerberater kannten sie zwar eine Spannbreite, innerhalb derer die Steuerlast seiner Einschätzung nach voraussichtlich liegen würde. Zwischen dem oberen und dem unteren Wert lagen aber einige Hunderttausend Euro. „Wir haben dann erstmal den oberen Betrag zurückgelegt", sagt Jörn Bethkenhagen. „Umso mehr haben wir uns gefreut, als es am Ende dann doch ein paar Prozent weniger waren als befürchtet."

L. Harten, T. Salzmann, *Unternehmensverkauf für Inhaber*,
https://doi.org/10.1007/978-3-658-52762-4_9

Wie viel genau es wird, hängt von vielen Faktoren ab. Auf die wichtigsten werden wir noch eingehen. Wir möchten an dieser Stelle aber darauf hinweisen, dass dieses Kapitel eine ausführliche Beratung durch einen spezialisierten Steuerberater natürlich nicht ersetzen kann. Vielmehr geht es uns darum, eine grobe Schneise durch das steuerliche Dickicht zu schlagen. Wir möchten Ihnen mit diesem Kapitel einen ersten Überblick darüber verschaffen, was überhaupt möglich ist – und zu welchem Zeitpunkt.

Wie der Verkauf von Unternehmen grundsätzlich besteuert wird: Auf die Rechtsform kommt es an!

Wenn man ein Unternehmen gründet, hängt die Wahl der passenden Rechtsform von vielen Faktoren ab: Gründet man alleine oder im Team? Ist man bereit, mit seinem Privatvermögen zu haften? Welche Publizitätspflichten gibt es und wie aufwendig und teuer ist die Buchhaltung?

Normalerweise denkt man zum Zeitpunkt der Gründung aber nicht darüber nach, welche steuerlichen Auswirkungen die Wahl der Rechtsform viele Jahre später bei einem Verkauf des Unternehmens haben kann. Die Art der Besteuerung aber hängt entscheidend davon ab, ob der Unternehmer eine Einzel- oder Personengesellschaft verkauft (etwa eine GbR, OHG oder KG) oder eine Kapitalgesellschaft (etwa eine GmbH). Noch einmal ganz anders funktioniert es, wenn eine GmbH nicht direkt vom Unternehmer, sondern über eine zwischengeschaltete Holding verkauft wird. Wir möchten Ihnen diese drei Fälle, die sowohl in der einschlägigen Literatur als auch in der Praxis eine große Rolle spielen, zunächst in ihren Grundzügen erläutern. Darauf aufbauend lassen sich dann auch mögliche Gestaltungsmodelle besser diskutieren.

Verkauf einer Einzel- oder Personengesellschaft

Hier gilt grundsätzlich, dass der Veräußerungsgewinn mit dem persönlichen Einkommensteuersatz des Unternehmers versteuert wird. Der Veräußerungsgewinn wiederum ergibt sich, indem man vom Kaufpreis den Buchwert des Unternehmens sowie die Veräußerungskosten abzieht.

Wir möchten das an einem fiktiven Beispiel verdeutlichen: Eine Einzel- oder Personengesellschaft wird für zwei Millionen Euro verkauft. Weiter nehmen wir an, dass der Buchwert des Unternehmens eine Million Euro beträgt. Da nur der Wertzuwachs besteuert wird und der Buchwert bereits versteuertes Eigenkapital ist, kann er vom Veräußerungsgewinn abgezogen werden. Das gilt ebenso für die Veräußerungskosten, beispielsweise für Anwälte oder Transaktionsberater wie uns. Nehmen wir hier an, dass sie in unserem Beispiel insgesamt 75.000 € betragen haben. Daraus ergibt sich dann ein Veräußerungsgewinn von 925.000 €, der versteuert werden muss. Hatte der Unternehmer im Jahr des Verkaufs noch andere Einkünfte, kommt der Veräußerungsgewinn aus steuerlicher Sicht noch dazu. In vielen Fällen wird daher der Spitzensteuersatz von 42 % oder sogar der Reichensteuersatz von 45 % fällig. Daraus würde sich dann eine Steuerlast von ca. 400.000 € ergeben.

Allerdings gibt es mehrere Steuererleichterungen, die diese hohe Steuerlast reduzieren können. Wir möchten die wichtigsten drei einmal der Reihe nach durchgehen.

Fünftelregelung

Da ist zunächst die sogenannte Fünftelregelung. Sie behandelt den Veräußerungsgewinn rechnerisch so, als würde er gleichmäßig auf die nächsten fünf Jahre verteilt anfallen. Die Steuern müssen zwar im Jahr des Verkaufs gezahlt werden, die steuerliche Progression wird aber abgemildert. So sollen hohe, einmalige Einnahmen geschont werden. Diese Regelung aber hat nur dann einen Effekt, wenn der Verkäufer sich nicht bereits vor dem Veräußerungsgewinn ohnehin im Bereich des Spitzensteuersatzes bewegt. In der Praxis kommt sie aus unserer Erfahrung deshalb bei Unternehmensverkäufen eher selten zur Anwendung.

Freibetrag

Ähnlich verhält es sich mit einem Freibetrag, der Unternehmern eingeräumt wird, die 55 Jahre alt oder älter sind. Auf diesen Freibetrag müssen sie beim Verkauf keine Steuern entrichten. Das klingt erstmal gut, hat in der Praxis aber einen großen Haken: Der Freibetrag beträgt nur 45.000 € – und das auch nur bis zu einem Veräußerungsgewinn von 136.000 €. Fällt der Gewinn höher aus, reduziert sich der Freibetrag Schritt für Schritt. Ab einem Gewinn von 181.000 € fällt er dann ganz weg. In der Praxis spielt dieser Freibetrag daher – ähnlich wie die Fünftelregelung – nur beim Verkauf sehr kleiner Unternehmen eine Rolle.

Ermäßigter Steuersatz

Anders verhält es sich mit einer weiteren Steuererleichterung, die ebenfalls nur Unternehmern ab 55 Jahren zusteht – und alternativ zum Freibetrag einmal im Leben in Anspruch genommen werden kann: der ermäßigte Steuersatz. Er beträgt nur 56 % dessen, was der Unternehmer normalerweise an Einkommensteuer entrichten müsste. Es handelt sich also um eine beträchtliche Ermäßigung auf den individuellen Durchschnittssteuersatz. Da der ermäßigte Steuersatz bis zu einem Veräußerungsgewinn von fünf Millionen Euro gilt, ist er auch beim Verkauf größerer Unternehmen relevant.

In unserem fiktiven Beispiel hätte er daher einen erheblichen Effekt. Auf die 925.000 € Gewinn würden nicht 42 bis 45 % Steuern anfallen, sondern zwischen 23,5 und 25,2. Die Steuerlast würde sich nahezu halbieren und läge rechnerisch zwischen 217.000 und 233.000 €.

Verkauf einer Kapitalgesellschaft

Wenn Sie eine Kapitalgesellschaft wie eine GmbH verkaufen, funktioniert die Besteuerung nach einem anderen Prinzip. Hier greift das sogenannte Teileinkünfteverfahren. Das heißt: Nicht der gesamte Veräußerungsgewinn ist steuerpflichtig, sondern nur 60 % davon – ganz unabhängig vom Alter. Einzige Bedingung: Der Verkäufer hat in den letzten fünf Jahren vor dem Verkauf mindestens ein Prozent der Anteile gehalten. Hinter dieser 60-Prozent-Regel steht der Gedanke des Gesetzgebers, dass die Gewinne einer Kapitalgesellschaft bereits auf Ebene der Gesellschaft versteuert wurden und der Fiskus nicht noch einmal in voller Höhe auf Ebene der Gesellschafter zuschlagen soll.

Das kann für Unternehmer, die eine GmbH verkaufen, Vorteile haben. In unserem fiktiven Beispiel würde nicht der gesamte Veräußerungsgewinn von 925.000 € mit dem persönlichen Einkommenssteuersatz besteuert, sondern nur 60 % davon, also 555.000 €. Selbst bei Annahme des Reichensteuersatzes von 45 % müsste der Verkäufer also maximal 249.000 € an Steuern zahlen. Der effektive Steuersatz läge damit bei 27 %.

Verkauf über eine Holding

Wenn Sie als Unternehmer eine GmbH gegründet haben, ist es aus unternehmerischer Perspektive wenig sinnvoll, eine weitere GmbH als Holding zu gründen, die dann wiederum alle Anteile an der ursprünglichen GmbH hält. Aus steuerlicher Sicht kann eine solche Konstruktion beim Verkauf aber große Vorteile haben. Der Grund dafür ist, dass Gewinne, die eine Kapitalgesellschaft aus dem Verkauf einer anderen Kapitalgesellschaft erzielt, zu 95 % steuerfrei bleiben. Die Absicht des Gesetzgebers ist es auch hier, eine Doppelbesteuerung von erzielten Gewinnen zu vermeiden.

In der Praxis bedeutet das beim Unternehmensverkauf, dass nicht Sie als Privatperson das Unternehmen verkaufen, sondern die dazwischengeschaltete Holding. Diese muss dann lediglich 5 % des Veräußerungsgewinns versteuern – mit einem Steuersatz, der in der Regel bei etwa

30 % liegt. Der effektive Steuersatz auf den gesamten Verkaufserlös beträgt damit nur 1,5 %.

Das wirkt auf den ersten Blick verlockend. Und tatsächlich können Sie den Verkaufserlös in der Holding zunächst fast steuerfrei parken. Wenn Sie das Geld später allerdings an sich als Privatperson ausschütten wollen, wird darauf in der Regel noch einmal die Abgeltungssteuer von 25 % plus Solidaritätszuschlag fällig (zusammen 26,375 %). Ob sich eine Holding-Struktur lohnt, hängt also ganz wesentlich davon ab, was Sie nach dem Verkauf mit dem Geld vorhaben. Brauchen Sie es sofort auf privater Ebene, ist eine Holding wenig sinnvoll. Wollen Sie es aber reinvestieren, kann eine solche Struktur große Vorteile mit sich bringen. Ihnen stehen dafür 98,5 % vom Kaufpreis zur Verfügung. Über Zeitpunkt und Höhe von privaten Ausschüttungen können Sie selbst bestimmen – und somit auch darüber, wann die Steuerlast fällig wird.

Verdeutlichen wir auch das an unserem fiktiven Beispiel: Der Veräußerungsgewinn von 925.000 € würde unter dem Strich zunächst nur mit 1,5 % besteuert. In der Holding verblieben damit 911.125 €, die Sie wieder investieren können. Sobald Sie jedoch aus der Holding Ausschüttungen an sich selbst als Privatperson vornehmen, fallen nochmal 26,375 % an Steuern an, was rund 240.000 € entspricht. Der effektive Steuersatz läge dann bei 27,5 %.

Die Besteuerungen der verschiedenen Rechtsformen lassen sich wie in Abb. 9.1 gezeigt zusammenfassen.

Abb. 9.2 zeigt, was vom Veräußerungsgewinn bleibt.

	Einzel- oder Personengesellschaft	Kapitalgesellschaft (z. B. GmbH)	Holding
Steuerpflichtiger Anteil des Gewinns	100 % oder 56 % vom Veräußerungsgewinn. Der Veräußerungsgewinn ist hier Kaufpreis abzüglich Transaktionskosten und abzüglich Buchwert des Unternehmens.	60 % vom Veräußerungsgewinn. Der Veräußerungsgewinn ist hier der Kaufpreis abzüglich Anschaffungskosten der Anteile und abzüglich Transaktionskosten.	5 % vom Veräußerungsgewinn. Der Veräußerungsgewinn ist hier der Kaufpreis abzüglich Anschaffungskosten der Anteile und abzüglich Transaktionskosten.
Steuersatz darauf	0 bis 45 % (Einkommensteuer)	0 bis 45 % (Einkommensteuer)	30 % (Körperschaftsteuer)
Effektiver Steuersatz	**bis 45 % oder bis 23,52 %**	**bis 27 %**	**1,5 % (+ nochmal 26,375 % bei Ausschüttung)**

Abb. 9.1 Die Besteuerung des Veräußerungsgewinns nach Rechtsform

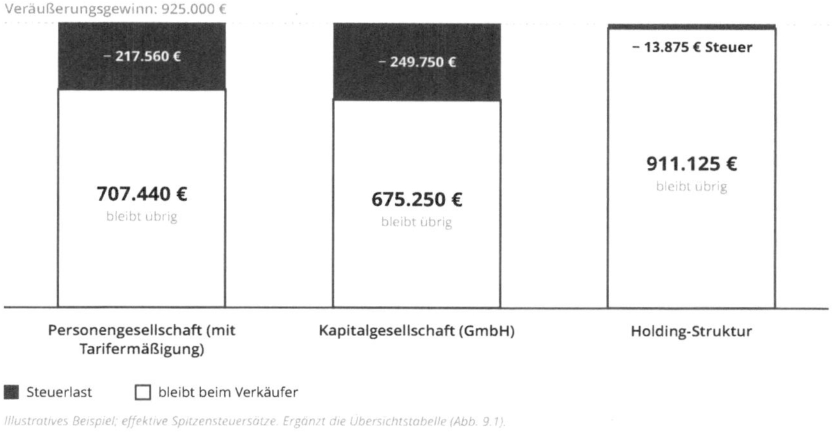

Abb. 9.2 Was vom Veräußerungsgewinn bleibt

Fristen und Käuferperspektive: Was man bei Modellen zum Steuersparen als Unternehmer beachten muss

Nun könnte man denken: Wenn die eine oder andere Rechtsform in meinem Fall vorteilhafter ist, dann passe ich sie vor dem Verkauf schnell noch an. Das geht so leicht und vor allem schnell allerdings nicht. Um rein steuerlich motivierte Umwandlungen zu verhindern, hat der Gesetzgeber Fristen festgelegt.

Bei einer Holding-Struktur gilt zum Beispiel, dass die zu verkaufenden Anteile mindestens sieben Jahre im Besitz der Holding gewesen sein müssen, um in vollem Umfang von der Steuererleichterung zu profitieren. Ähnliche Sperrfristen gelten auch bei anderen Umwandlungen. Wer den Verkauf über die Änderung der Rechtsform also steuerlich optimieren möchte, muss damit frühzeitig beginnen. Für Unternehmer, die schnell verkaufen möchten, sind solche Modelle aus unserer Erfahrung meist wenig sinnvoll.

Hinzu kommt ein weiterer Punkt, den man als Verkäufer beachten muss: Das, was für einen selbst steuerlich von Vorteil ist, kann für den

Käufer ein steuerlicher Nachteil sein. Das wiederum führt dann in der Regel dazu, dass der Kaufpreis, den er zu zahlen bereit ist, geringer ausfällt. Im Zweifel hat der Verkäufer unter dem Strich wenig gewonnen.

Wir möchten Ihnen auch das an einem Beispiel verdeutlichen. Nehmen wir an, ein Unternehmer ist jünger als 55 Jahre und möchte sein Unternehmen verkaufen. Es handelt sich um eine Personengesellschaft, weshalb er auf den gesamten Veräußerungsgewinn seinen persönlichen Einkommenssteuersatz zahlen müsste. Nun könnte er auf die Idee kommen, das Unternehmen frühzeitig in eine GmbH umzuwandeln – dann nämlich müsste er beim Verkauf nur 60 % des Gewinns versteuern.

Das Problem dabei ist, dass das für den Käufer mit Nachteilen verbunden wäre. Anders als bei einer Personengesellschaft kann er den Kaufpreis der GmbH nämlich nicht fortlaufend abschreiben. Für ihn wird der Kauf des Unternehmens dadurch unattraktiver, was sich in der Regel in einem niedrigeren Kaufpreis niederschlägt.

In der Praxis kann es daher für den Verkäufer sogar von Vorteil sein, den umgekehrten Weg zu wählen – und eine GmbH in eine Personengesellschaft umzuwandeln. Damit wären wir bei einem Steuersparmodell, das neben der Konstruktion einer Holding-Struktur in der Praxis von Steuerberatern oft empfohlen wird: die GmbH & Co. KG.

Warum ist das so? Wandelt man eine GmbH in eine GmbH & Co. KG um, wird aus der Kapitalgesellschaft eine besondere Form der Personengesellschaft. Für den Käufer hat das den großen Vorteil, dass er den Kaufpreis fortlaufend abschreiben kann. Er ist daher oft bereit, einen höheren Kaufpreis für das Unternehmen zu bezahlen. Zugleich muss eine solche Umwandlung für den Verkäufer keinen steuerlichen Nachteil bedeuten. Wenn er etwa aufgrund seines Alters von mindestens 55 Jahren den ermäßigten Steuersatz in Anspruch nehmen darf, kann die Belastung sogar geringer ausfallen. Es lohnt sich also, die Umwandlung in eine GmbH & Co. KG zumindest zu prüfen.

Allerdings gilt auch hier eine Sperrfrist von fünf Jahren. Das heißt: Sie sollten Ihr Unternehmen erst fünf Jahre nach der Umwandlung in eine GmbH & Co. KG verkaufen. Ansonsten wird vom Finanzamt nämlich nachträglich Gewerbesteuer auf den Veräußerungsgewinn erhoben – was den Steuervorteil dahinschmelzen lässt. Auch hier müssen die Strukturen also frühzeitig geschaffen werden.

Natürlich gibt es – neben der Umwandlung in eine GmbH & Co. KG und dem Verkauf über eine Holding-Struktur – unzählige weitere Steuersparmodelle. Gemeinsam aber ist ihnen, dass sie akribisch und vor allem rechtzeitig vorbereitet werden müssen. Wenn Sie also erst in fünf, sieben oder zehn Jahren verkaufen wollen, lautet unser Ratschlag: Machen Sie sich jetzt schon mit ihnen vertraut! Was aber, wenn Sie – wie die allermeisten Unternehmer – nicht so lange warten können oder wollen und in der Vergangenheit anderes zu tun hatten, als sich mit komplizierten Gestaltungsmodellen auseinanderzusetzen?

Aus unserer Sicht gibt es darauf zwei Antworten.

1. Ärgern Sie sich nicht darüber. Kein Steuersparmodell ist perfekt. Und: Wie viel am Ende für Sie übrig bleibt, hängt vor allem vom Wert Ihres Unternehmens ab – nicht von ein paar Prozent mehr oder weniger, die Sie an den Fiskus abführen. Wenn Sie sich also in den vergangenen Jahren darauf konzentriert haben, Ihr Unternehmen erfolgreich zu machen, haben Sie Ihre Zeit gut investiert.
2. Setzen Sie sich mit dem auseinander, was noch möglich ist. Aus unserer Erfahrung kann in den Verhandlungen mit dem Käufer eine grundlegende Frage aufkommen, die große – auch steuerliche – Auswirkungen hat: Was verkaufen Sie eigentlich? Ihr Unternehmen als Ganzes – oder seine Vermögenswerte?

Asset oder Share Deal? Was in der Praxis üblich ist und welche steuerlichen Auswirkungen damit einhergehen

Um es gleich vorweg zu sagen: Im Normalfall wird ein Unternehmen im Rahmen eines Share Deals als Ganzes verkauft. Asset Deals sind – zumindest beim Verkauf mittelständischer Unternehmen – die absolute Ausnahme.

Was genau aber ist der Unterschied? Bei einem Share Deal gehen die Geschäftsanteile des Unternehmens auf den Käufer über. Das heißt: Ihm gehört dann das Unternehmen – mit allen Vor- und Nachteilen. Der Käufer übernimmt nicht nur die Vermögensgegenstände und Rechte, sondern auch alle Verbindlichkeiten und Pflichten. Es ist ein Gesamtpaket. Bilanziell gesehen ändert sich für das Unternehmen nichts. Alles bleibt beim Alten – lediglich der Inhaber wechselt.

Bei einem Asset Deal hingegen werden nicht die Unternehmensanteile verkauft, sondern einzelne Vermögenswerte aus der Bilanz: Maschinen, Grundstücke, Waren und Forderungen. Auch wenn ein Unternehmen kaum materielle Vermögenswerte besitzt, etwa im Fall eines Beratungsunternehmens, kann es im Rahmen eines Asset Deals verkauft werden. Immaterielle Werte wie Kundenbeziehungen oder das Know-how werden dann als sogenannter „Goodwill" erfasst. Der Unterschied zum Share Deal ist, dass nicht das Gesamtpaket verkauft wird, sondern seine Inhalte oder Teile davon. Das hat bilanzielle Auswirkungen. Das Unternehmen wird leer gekauft oder es bleiben Reste zurück, die der Käufer nicht haben will.

Natürlich ist die Abwicklung eines Asset Deals deutlich komplexer und aufwendiger. Jedes einzelne Wirtschaftsgut muss definiert, bewertet und übertragen werden. Kunden und Lieferanten müssen der Umschreibung von Verträgen zustimmen und die Übernahme der Arbeitnehmer muss geregelt werden. Ein Asset Deal führt immer zu einem hohen bürokratischen Aufwand – und beansprucht viel Zeit.

Was spricht dafür, diesen Weg zu gehen? Aus unserer Sicht gibt es nicht viele Fälle, in denen ein Asset Deal für den Verkäufer sinnvoll ist. Eine offensichtliche Ausnahme ist der Verkauf eines Einzelunternehmens. Da es hier keine Anteile gibt, die übertragen werden können, ist ein Share Deal unmöglich und ein Asset Deal schlicht alternativlos.

In allen anderen Fällen ist es eigentlich immer der Käufer, der aus unterschiedlichen Gründen an einem Asset Deal interessiert sein kann:

- Der erste Grund sind Risiken im Unternehmen, die er nicht übernehmen möchte, etwa Rechtsstreitigkeiten mit Kunden oder Lieferanten.
- Der zweite Grund ist, dass nur eine bestimmte Sparte des Unternehmens übernommen werden soll. Vor einigen Jahren haben wir zum Beispiel

den Verkauf einer Spedition begleitet. Die Besonderheit: Neben dem Kerngeschäft als Spediteur hatte der Unternehmer – innerhalb desselben Unternehmens – ein zweites Standbein aufgebaut. Kunden konnten ihre Waren auch bei ihm einlagern. An diesem Geschäft war der Käufer allerdings nicht interessiert. Die Spedition musste daher im Rahmen eines Asset Deals aufwendig aus dem Gesamtpaket herausgelöst werden.

- Der dritte Grund ist steuerlicher Natur. Für den Käufer kann ein Asset Deal – gerade beim Verkauf einer GmbH – von Vorteil sein. Da er die erworbenen Wirtschaftsgüter fortlaufend abschreiben kann, ist seine Steuerlast deutlich geringer als bei einem Share Deal. Dieser steuerliche Vorteil geht aber mit einem großen steuerlichen Nachteil für Sie als Verkäufer einher. Denn bei einem Asset Deal ist es ja die GmbH, die ihre Vermögenswerte verkauft. Das heißt: Der Gewinn müsste zunächst auf GmbH-Ebene mit rund 30 % versteuert werden. Bei einer Ausschüttung an Sie als Privatperson fielen noch einmal 25 % Kapitalertragssteuer plus Solidaritätszuschlag an. Das führt dann unter dem Strich zu einem sehr hohen Steuersatz.
- Hinzu kommt, dass der Verkäufer nach Abschluss eines Asset Deals auf der entkernten GmbH sitzen bleibt – und sich um deren Abwicklung kümmern muss. Eventuell müssen noch übrig gebliebene Vermögensgegenstände oder Verpflichtungen aufgelöst werden. Anschließend muss die GmbH in einem geordneten Prozess liquidiert werden. Aus unserer Erfahrung kann das mehrere Jahre dauern.

Deshalb raten wir Unternehmern in den meisten Fällen von einem Asset Deal ab. Es ist zwar verständlich, dass der Käufer sich die Rosinen aus dem Unternehmen herauspicken möchte und steuerliche Vorteile für sich sucht. Für den Verkäufer aber überwiegen die Nachteile so deutlich, dass sie in der Regel auch nicht durch einen etwas höheren Kaufpreis ausgeglichen werden können.

Was bleibt nun unter dem Strich für den Verkäufer übrig? Eine Daumenregel, mit der Sie rechnen können

Wir hoffen, dass wir Ihnen mit diesem Kapitel zumindest eine grobe Schneise durch den Steuer-Dschungel beim Unternehmensverkauf schlagen konnten. So kompliziert die Details im Einzelnen auch sein mögen, lassen sich aus unserer Sicht doch ein paar Schlussfolgerungen ziehen.

1. Wenn Sie aufwendige Modelle zur Steuergestaltung in Anspruch nehmen möchten, müssen Sie frühzeitig – in der Regel fünf bis sieben Jahre vor dem Verkauf – die Weichen dafür stellen. Wenn Sie diese Zeit nicht haben, gibt es keine Tricks, mit denen Sie die Steuerlast erheblich reduzieren können. Das bedeutet: Sie müssen sich gar nicht erst den Kopf darüber zerbrechen.
2. Bei den Verhandlungen mit dem Käufer sollten steuerliche Aspekte nicht im Vordergrund stehen. In der Regel ist der Vorteil des einen der Nachteil des anderen. Halten Sie es daher so einfach wie möglich. Ein Share Deal ist in aller Regel für Sie die deutlich bessere Variante.
3. Die Frage, wie viel denn nun vom Kaufpreis nach Abzug der Steuern beim Verkäufer hängen bleibt, ist komplex. Vorab lässt sie sich nie ganz genau beantworten. Unsere Erfahrung aber ist, dass in den allermeisten Fällen – wenn keine aufwendigen, von langer Hand geplanten Gestaltungsmodelle zum Einsatz kommen – 30 % an Steuern eine realistische Größenordnung sind, mit der Sie planen können. Wenn es dann am Ende wie bei den Bethkenhagens doch etwas weniger wird: umso besser!

Sie wollen vorab möglichst genau wissen, was an Steuern auf Sie zukommt? Dann nutzen Sie den kostenlosen Steuerrechner von Everto. Dazu können Sie einfach den QR-Code scannen:

10

Das Danach

Wie es den fünf Unternehmern aus dem Buch heute geht und was man daraus für die Zeit nach dem Verkauf lernen kann

In diesem Kapitel wollen wir Ihnen ein Gefühl dafür geben, wie das Leben nach dem Verkauf aussehen kann. Wir werden es Ihnen nicht in den buntesten Farben ausmalen, sondern die Realität für sich selbst sprechen lassen, am Beispiel der fünf Unternehmer, die Sie in diesem Buch kennengelernt haben. Wie geht es ihnen heute? Womit verbringen sie ihre Zeit? Was schenkt ihnen Sinn und Freude? Womit hatten sie vielleicht auch zu kämpfen?

Unser Job endet normalerweise mit dem Verkauf des Unternehmens. Trotzdem halten wir zu vielen unserer Mandanten anschließend weiter Kontakt. Der Grund dafür ist ein ganz persönlicher: Unternehmer sind fast immer spannende Menschen. Zu ihnen während des Verkaufsprozesses eine Beziehung aufzubauen, gehört zu den schönsten Dingen, die unser Beruf mit sich bringt. Natürlich interessiert es uns, wie es ihnen nach dem Verkauf ergangen ist, wie sie sich weiterentwickelt haben und was sie beschäftigt. Egal, ob es nur ein kurzes Telefonat oder ein gemeinsames Abendessen ist: In vielen Fällen stehen wir mit den Unternehmern weiter in Kontakt.

Eine Sache können wir daher mit Bestimmtheit sagen: Das typische Leben danach gibt es nicht. Viele Unternehmer wollen nach den an-

L. Harten, T. Salzmann, *Unternehmensverkauf für Inhaber*,
https://doi.org/10.1007/978-3-658-52762-4_10

strengenden Jahren, die hinter ihnen liegen, einfach nur ihr Leben genießen, Zeit mit Freunden und Familie verbringen, vielleicht ein bisschen was von der Welt sehen und wieder mehr Sport machen. Andere sind auf der Suche nach dem nächsten großen Projekt oder Abenteuer, in das sie sich stürzen können. Von fast allen aber fällt nach dem Verkauf eine große Last ab. Man ist nicht mehr für alles verantwortlich. Man geht abends nicht mehr im Bett durch, was man am nächsten Tag noch alles erledigen muss. Das Leben fühlt sich wieder leichter an.

Zur Wahrheit gehört aber auch, dass der Verkauf des Unternehmens eine Umstellung bedeutet. Manche können das neue Leben vom ersten Moment an genießen. Anderen fällt der Abschied vom alten Leben schwerer. Sie müssen sich nach all den Jahren erstmal darauf einstellen, kein Unternehmer mehr zu sein. Das ist völlig normal – und Teil eines wertvollen inneren Prozesses. Es kann sich zwischendurch aber auch mal ungewohnt anfühlen. Was mache ich denn jetzt mit meiner Zeit, wo ich so viel davon habe? Wer bin ich, wenn ich kein Unternehmer mehr bin?

Auch der Umgang mit dem Geld, den der Verkauf des Unternehmens mit sich bringt, unterscheidet sich von Mensch zu Mensch. Es gibt Unternehmer, die nicht mehr aufs Geld achten, weil sie es nicht mehr müssen. Sie erfüllen sich und anderen Träume und genießen die Freiheit, die ein Leben ohne finanzielle Sorgen mit sich bringt. Es gibt aber auch Unternehmer, die genauso sparsam leben wie zuvor. Für die es zwar ein beruhigendes Gefühl ist, genug Geld für den Rest des Lebens auf dem Konto zu haben, die aber trotzdem kaum etwas davon ausgeben.

Die Geschichten der fünf Unternehmer, die wir Ihnen in diesem Kapitel erzählen, sind so bunt wie das Leben selbst. Es wird um Waschbär-Fallen gehen, die Aufbereitung von Regenwasser und Bildung für afrikanische Kinder. Wir werden Ihnen erzählen, warum einer der Unternehmer, die Sie in diesem Buch kennengelernt haben, sein Unternehmen nach ein paar Jahren zurückgekauft hat. Und warum ein anderer lieber die Reißleine zog, als aus seinem Hobby wieder Unternehmer-Ambitionen erwuchsen.

Trotz aller Unterschiedlichkeiten aber geht es nach dem Verkauf eigentlich immer um zwei grundlegende Dinge. Von ihnen wollen wir in diesem Kapitel vor allem erzählen. Das erste ist der Prozess des Loslassens. Wie fühlt es sich an, wenn man die Schlüssel zum Büro, das man jahrzehntelang jeden Morgen betreten hat, auf einmal abgibt? Wie reagiert man, wenn der Käufer des Unternehmens Entscheidungen trifft, die man selbst für falsch hält? Das Loslassen ist ein guter, notwendiger Prozess. Einfach ist er aber nicht immer.

Das zweite ist die Suche nach etwas Neuem. Wenn das Unternehmen so lange das eigene Leben bestimmt und ausgefüllt hat, hat man plötzlich viel Zeit, Geld und Raum für andere Dinge. Dieser Luxus kann große, wichtige Fragen aufwerfen: Was möchte ich denn eigentlich noch mit meinem Leben machen? Reicht mir die Zeit mit Freunden und Familie, dazu ein wenig Gartenarbeit und Golf? Oder benötige ich eine neue Aufgabe, und wenn ja: welche?

Was wir beschreiben, ist der Weg ins neue Leben. Manche finden ihn ganz schnell, andere brauchen etwas Zeit. Die Perspektive aber ist aus unserer Erfahrung in eigentlich allen Fällen ein Leben, das unsere Mandanten ausfüllt und sie glücklich macht. Wir möchten hier keine philosophischen Betrachtungen darüber anstellen, was Glück und Zufriedenheit im Einzelnen bedeutet. Unser Eindruck aber ist: Spätestens ein Jahr nach dem Unternehmensverkauf geht es fast allen Unternehmern richtig gut – und sie sind dankbar für ihr neues Leben.

Das Loslassen

Warum es Heiner Vierke zunächst schwerfiel, sich von seinem Lebenswerk zu trennen

Beginnen wir mit dem Loslassen – und einem, der ganz offen darüber spricht, dass ihm das nicht leichtgefallen ist. Die Geschichte von Heiner Vierke haben wir Ihnen bereits in den vorherigen Kapiteln erzählt: Wie er ein Unternehmen für hochwertige Firmenbekleidung aufgebaut hat – und es dann, nach einem Burnout, strategisch so aufgestellt hat, dass es auch ohne ihn funktioniert und für potenzielle Käufer interessant ist. Vierke hat seinen eigenen Ausstieg lange und akribisch vorbereitet. Und doch fiel es ihm dann, als es ernst wurde und er seine Schlüssel abgeben musste, zunächst schwer. „Es ist eine harte Nummer, sich von seinem Lebenswerk zu verabschieden", sagt Vierke.

Vierke macht kein Hehl daraus, dass er gern noch etwas länger an Bord geblieben wäre. Er hätte Freude daran gehabt, den Übergang mitzugestalten und seine Erfahrung einzubringen. Das aber war von seinen Nachfolgern nicht gewünscht. „Natürlich sagt dir das keiner so direkt", sagt Vierke. „Es wird dann eher gefragt, ob es noch Dinge gibt, an denen man hängt oder die man noch zu Ende bringen möchte." Das Signal aber sei klar: „Wir möchten dich hier nicht unbedingt wiedersehen. Geh mal nach Hause."

Vierke kann das sogar verstehen. „Vom Führungstyp her war ich immer Patriarch", sagt er. „Das funktioniert nicht, wenn so einer dann noch im Unternehmen bleibt." Seine Präsenz, so Vierke, wäre zu groß gewesen. „Bei wichtigen Entscheidungen hätten mich wahrscheinlich alle angeguckt und sich gefragt, was der Alte dazu denkt." Insofern sei es völlig legitim, dass seine Nachfolger das so gehandhabt haben. „Richtig gut hat es sich trotzdem nicht angefühlt."

Was Vierke erlebt, ist ein schmerzhafter Prozess des Loslassens. So ergeht es längst nicht allen Unternehmern. Viele sind froh, wenn sie sich schnell ganz herausziehen können. Bei anderen ist ein schleichender Übergang im Interesse beider Parteien. Das Beispiel Vierke aber zeigt, dass es auch anders laufen kann. Den Schmerz des Loslassens sollte man dann nicht wegdrücken oder als persönliche Krise werten. Wenn man mit seinem Unternehmen so lange so eng verwoben war, es jeden Tag angetrieben hat und zugleich von ihm angetrieben wurde, ist es völlig normal, dass man ein wenig Zeit braucht, um sich von ihm zu lösen. Körper und Geist müssen sich an das neue Leben gewöhnen. Bei manchen Unternehmern dauert das etwas. Bei anderen geht es ganz schnell.

Wenn der Käufer Dinge macht, die man für falsch hält: Wie sich die Bethkenhagens damit arrangiert haben

Kaum Abschiedsschmerz haben zum Beispiel die Bethkenhagens gespürt, das Unternehmerehepaar, das Sie in diesem Buch ebenfalls schon kennengelernt haben. Seitdem sie das Unternehmen verkauft haben, reisen Jörn und Kerstin Bethkenhagen durch die Welt. Für ein paar Monate waren sie in Australien, auch eine Amazonas-Kreuzfahrt haben sie gemacht. Wenn sie gerade nicht unterwegs sind, renovieren sie ihr Haus oder kümmern sich, ohne wie früher nebenbei noch E-Mails checken zu müssen, um ihre betagten Eltern. Es ist das Leben, das sie sich genauso vorgestellt haben. Wenn man sie fragt, wie es ihnen heute geht, sagen beide ohne zu zögern: „Super!"

Und doch mussten auch sie das Loslassen lernen – auf eine andere Weise. Sie erinnern sich: Ihr Medizintechnik-Unternehmen, das mit der Herstellung von Kontrollblut groß geworden ist, wurde an einen Finanzinvestor verkauft. Dieser will möglichst schnell wachsen, neue Märkte erobern und holt dazu auch große, renommierte Beratungsunternehmen ins Haus. Aus Sicht der Bethkenhagens, die während der Übergangsphase noch an Bord sind, unterschätzt er allerdings, mit welchen Besonderheiten es ein mittelständischer Medizintechnikhersteller zu tun hat – und wie lange es in der Regel dauert, neue Geschäftsbeziehungen aufzubauen. Auch finden die Bethkenhagens, dass in den teuren Konzepten der Beratungsunternehmen wenig Neues steht.

„Natürlich kommt so ein Investor mit vielen neuen Ideen", sagt Jörn Bethkenhagen. „Ich habe dann aber oft gedacht: Okay, kannst du natürlich machen, aber ehrlich gesagt glaube ich nicht, dass das irgendetwas bringen wird. Hinterher habe ich mich dann oft auch bestätigt gefühlt."

Es ist eine typische Konstellation: Der neue Besitzer hat große Pläne – der erfahrene Unternehmer ist skeptisch. Natürlich kann er vieles tatsächlich besser einschätzen. Und doch bedeutet Loslassen auch, den Käufer machen zu lassen. Zu dieser Erkenntnis ist auch Jörn Bethkenhagen gekommen: „Auch wenn es schwerfällt: Man muss sich damit arrangieren, dass der Neue es ganz anders macht und Dinge ausprobiert, die man selbst für falsch hält."

Wir versuchen, unseren Mandanten von Anfang an klarzumachen, dass sie mit einem Verkauf das Ruder abgeben – und keinen Einfluss mehr nehmen können. Dennoch kann das in der Praxis manchem schwerfallen.

Warum das Loslassen manchmal schwerfällt

Warum das Loslassen dem einen so leicht und dem anderen schwerer fällt? Aus unserer Sicht hat das viel mit den Persönlichkeiten zu tun. Ein Patenrezept für einen völlig schmerzfreien Abschied gibt es nicht. Auf einer rationalen Ebene kann man sich nur immer wieder bewusst machen, dass es Teil des Deals ist: Man bekommt viel Geld für sein Unternehmen. Anschließend gehört es einem nicht mehr. Der neue Besitzer kann Entscheidungen treffen, die man für grundfalsch hält. Sich dagegen zu stemmen, bringt wenig. Das Einzige, was wirklich hilft, ist radikale Akzeptanz. Je schneller Sie loslassen können, desto besser für Sie.

Auf einer emotionalen Ebene mag so ein Ratschlag nicht immer helfen. Fast immer aber hilft aus unserer Sicht etwas anderes: Neue Dinge in Angriff nehmen! Fast alle Unternehmer, mit denen wir noch in Kontakt stehen, sind im besten Sinne des Wortes Unternehmer geblieben. Sie machen es sich normalerweise nicht auf der Couch gemütlich, sondern nutzen ihre Zeit und das Geld, um ihr Leben mit Sinn und Freude zu füllen. Das gilt auch für die Unternehmer, die Sie in diesem Buch kennengelernt haben.

Die Suche nach etwas Neuem

Ein Boot allein reicht nicht: Warum Horst Reteike wieder das macht, was ihm am meisten Spaß macht

Beginnen wir mit Horst Reteike, dem Unternehmer, der zunächst als Ein-Mann-Betrieb Wasserschäden beseitigte, daraus dann mithilfe seiner Söhne ein erfolgreiches Handwerksunternehmen formte – und es schließlich an einen Finanzinvestor verkauft hat. Noch immer kommt es Reteike unwirklich vor, wie viel Geld er nun hat. Und noch immer fällt es ihm schwer, zumindest ein bisschen davon auszugeben. „Wenn Sie Ihr ganzes Leben lang immer aufs Geld geachtet haben, können Sie das nicht einfach so von einem Tag auf den anderen ändern", sagt Reteike.

Nach langem Zureden seiner Söhne hat Reteike sich zumindest einen kleinen Traum erfüllt: Er hat sich ein Boot gekauft, eine *Balt 818:* 8,50 m lang, 80 PS, eine Küche, eine Toilette, eine Dusche und Schlafmöglichkeiten für bis zu vier Personen. Neu kostet so ein Boot rund 90.000 €. So viel Geld für sein Vergnügen auszugeben, hat Reteike aber trotz allen guten Zuredens nicht übers Herz gebracht. Er hat es gebraucht gekauft, zusammen mit einem Freund. Mit dem Boot kann er nun über die Müritz schippern. Häufig bleibt er eine ganze Woche an Bord. Auf dem Wasser, sagt Reteike, komme er am besten zur Ruhe.

So richtig im Ruhestand ist er dann aber doch nicht. Reteike arbeitet wieder im Kundendienst, für einen befreundeten Unternehmer. Es geht um Regenwasser-Anlagen. Das Prinzip ist simpel: Private Haushalte stellen sich eine solche Anlage in den Garten oder Keller. Der Regen wird aufgefangen, aufbereitet und dann im Haus genutzt, zum Beispiel für den Betrieb von Toiletten oder Waschmaschinen. Das spart nicht nur Geld, es ist auch gut für die Umwelt. Die Pumpen der Anlagen gehen allerdings auch mal kaputt. Dann fährt Horst Reteike, der sein eigenes Unternehmen für viel Geld verkauft hat, zu den Kunden und repariert sie eigenhändig. „Das macht mir einfach Spaß."

Es ist etwas, das wir bei Unternehmern, die den Verkauf hinter sich haben, öfter beobachten: Sie kehren auf die eine oder andere Art zu ihren Wurzeln zurück. Reteike ist im Herzen immer Handwerker geblieben. Nun, wo er kein Unternehmen mehr leiten muss und Geld zweitrangig ist, macht er wieder das, was ihm am meisten Freude bereitet. Warum auch nicht? Das Neue kann auch etwas Altes sein, das im Leben als Unternehmer zu kurz gekommen ist.

Reteike hat sich – für seine Verhältnisse – ein wenig Luxus geleistet. Er arbeitet noch, aber nicht zu viel, und nur, weil es ihm Spaß macht. Vor allem hat er keinen Stress mehr, kann selbst bestimmen, was und in welchem Tempo er es macht. „Unter dem Strich", sagt er, „bin ich richtig zufrieden."

Wie Guido Hiller aus seinem Hobby ein Unternehmen macht – und dann doch lieber die Reißleine zieht

Von Guido Hiller wissen Sie schon, dass er heute an der Fachhochschule Bielefeld lehrt und dort den Bereich der Steuerungs- und Automatisierungstechnik aufgebaut hat. Es ist – wenn auch auf andere Art – ein bisschen wie bei Reteike. Als Unternehmer musste sich Hiller viel mit betriebswirtschaftlichen Kennzahlen herumschlagen. Als Chef hatte er täglich mit den Sorgen und Nöten seiner Mitarbeiter zu tun. Manchmal kam er sich vor wie ein halber Psychologe. Eigentlich aber ist Hiller Ingenieur. Das kann er nun an der Fachhochschule wieder voll und ganz sein. Sein Ingenieurswissen an junge Menschen weiterzugeben, macht ihm nicht nur Spaß. Er sieht darin auch eine wichtige Aufgabe. Deutschland braucht schließlich Tüftler wie ihn.

Daneben hat Hiller aber noch etwas ganz anderes angeschoben. Als Jäger und Geschäftsführer der Kreisjägerschaft Schaumburg konnte er beobachten, wie viel Unheil Waschbären in Naturschutzgebieten anrichten. In der Regel versucht man daher, ihnen Fallen zu stellen. Das Problem aber ist, dass man diese eigentlich zweimal am Tag kontrollieren muss, weil ungewollt auch Katzen oder Füchse hineintappen. Also hat Hiller einen elektronischen Fallenmelder erfunden. Er sendet über das Mobilfunknetz ein Signal, wenn die Falle ausgelöst hat. Nur dann muss ein Jäger ausrücken.

Aus dem Hobby ist dann sogar noch einmal ein Unternehmen entstanden: ein Fang- und Jagdservice für Wildtiere wie Waschbären oder Marder. „So etwas gab es hier noch nicht und ist sofort auf große Nachfrage gestoßen", sagt Hiller. Als die Aufträge immer zahlreicher wurden, hat er das Geschäft dann aber doch lieber an einen Nachfolger übergeben. „Wieder jeden Tag viele Stunden arbeiten, das wollte ich einfach nicht mehr", sagt Hiller.

Was ihm passiert ist, erleben wir so ähnlich auch bei anderen Unternehmern. Nach dem Verkauf sind sie erstmal froh, dass es geschafft ist. Noch einmal unternehmerisch tätig werden wollen sie in der Regel nicht. Andererseits ist das unternehmerische Denken tief in der eigenen Persönlichkeit verwurzelt. Wenn Unternehmer eine interessante Geschäftsmöglichkeit entdecken, kommen sie manchmal doch wieder in Versuchung. Oder aber es wird aus einem harmlosen Hobby wie von alleine mehr. So wie bei Hiller.

Dann gibt es zwei Möglichkeiten: Entweder man zieht die Reißleine, weil man sich die viele Arbeit und den Druck nicht noch einmal antun möchte. Für Hiller war das die richtige Entscheidung. „Es hat mir Freude gemacht, so einen Fangservice zu gründen“, sagt er. „Will ich mich da jetzt aber wieder die nächsten Jahre mit voller Kraft reinhängen?“ Hiller hat diese Frage für sich mit Nein beantwortet. „Ich genieße es total, mich einfach mal mit Freunden auf einen Cappuccino zu treffen und den Kopf komplett frei zu haben. Das ist für mich Lebensqualität.“

Es gibt aber auch Fälle, in denen Unternehmer mit etwas Abstand feststellen, dass sie eigentlich doch noch gerne Unternehmer sein möchten, nur etwas anders, mit weniger Stress und Bürokratie zum Beispiel. So wie Thomas Stevens, dessen Geschichte wir Ihnen nun erzählen.

Ein wilder Ritt: Warum Thomas Stevens sein Unternehmen zurückkaufte

Sie erinnern sich: Stevens hat als junger Mann die Städtler + Beck GmbH übernommen, einen Spezialisten für Prüf- und Absperrtechnik für Kanal- und Gasleitungen. Er hat daraus dann einen Mittelständler geformt, der auch international mitspielen konnte. In Russland und China war er für Konzerne wie Gazprom oder Beijing Gas tätig. Nach über 20 Jahren aber merkte Stevens, dass es nicht mehr so viel Spaß machte wie früher. Die Beziehungen zu Russland und China hatten sich verschlechtert. Zertifizierungen spielten eine immer größere Rolle. Die Bürokratie nahm zu.

Also verkaufte Stevens sein Unternehmen mit unserer Hilfe an einen strategischen Käufer: die H & H Maschinenbau GmbH & Co. KG aus Porta Westfalica. Damit war das Kapitel für ihn eigentlich beendet. Finanziell hatte er ausgesorgt. Ganz mit dem Arbeiten aufhören aber wollte er noch nicht. Mit 52 Jahren war er zum Zeitpunkt des Verkaufs relativ jung. Also hat Stevens die Entscheidung getroffen, in das Unternehmen seines Bruders einzusteigen. Es ist in derselben Branche tätig, es handelt sich um einen Spezialisten für den Vertrieb von Kanalsanierungsprodukten. Weil es aber kein Produktions-, sondern ein Handelsunternehmen ist, hat es weniger mit Zertifizierungen und der Bürokratie zu kämpfen. Stevens ist nun wieder dichter dran an den Kunden. Auch der Stress setzt ihm nicht mehr so zu. „Das Leben als Unternehmer", sagt er, „hat mir auf einmal wieder richtig Spaß gemacht."

Dann passiert etwas, womit niemand rechnen konnte. Die H & H Maschinenbau GmbH & Co. KG aus Porta Westfalica möchte die Städtler + Beck GmbH nach ein paar Jahren wieder verkaufen. Es ist eine einmalige Gelegenheit. Der Preis liegt deutlich unter dem, was Stevens beim Verkauf bekommen hat. Also schlagen er und sein Bruder zu. Aus der Fusion der Unternehmen entsteht unter dem Namen Intub ein neuer Player, der umfassende Lösungen für den gesamten Rohrleitungsbau anbieten kann. Aus strategischer Sicht ist der Zukauf für Stevens sinnvoll. Aber handelt er sich damit nicht wieder all den Ärger ein, den er mit dem Verkauf eigentlich loswerden wollte?

Stevens Antwort darauf fällt differenziert aus. Natürlich seien die Vorschriften nicht weniger geworden. Etwas anderes aber habe sich verändert: Er selbst habe durch den Verkauf gelernt, stärker loszulassen. Heute sei er besser darin, Dinge, auf die er keine Lust hat, an die zweite Führungsebene abzugeben. Anders als früher vertraue er darauf, dass es dann auch ohne sein Zutun funktioniert.

Stevens weiß natürlich, dass die Geschichte für Außenstehende verwirrend sein kann. Warum verkauft jemand ein Unternehmen, um es dann ein paar Jahre später zurückzukaufen? Stevens aber geht es gut damit. Das Unternehmen ist gewachsen. Er selbst auch. „Für mich", sagt er, „ist es eine Geschichte mit einem Happy End."

So außergewöhnlich Stevens Geschichte ist, zeigt sie aus unserer Sicht doch zwei Dinge:

1. Man weiß vorher nie, was das Leben nach dem Verkauf noch für einen bereithält. Manchmal läuft es ganz anders, als man denkt.
2. Das Loslassen kann einen auch verändern. Man lernt dazu, verändert seinen Blick auf die Welt. Das kann dazu führen, dass man etwas ganz Neues für sich entdeckt. Oder dass das Alte, wie bei Stevens, auf verschlungenen Wegen und unter anderen Vorzeichen zu einem zurückkehrt.

Was man aus den Geschichten lernen kann: Wovon alle Unternehmer berichten

Wir haben es schon zu Anfang dieses Kapitels erwähnt: Unserer Erfahrung nach finden eigentlich alle Unternehmer nach dem Verkauf den Weg in ein Leben, das sie ausfüllt und glücklich macht. Manchmal braucht es etwas Zeit. Manchmal gehört auch der ein oder andere Umweg dazu. Am Ende aber geht es ihnen deutlich besser als vorher.

Heiner Vierke, dem das Loslassen zunächst schwergefallen ist, unternimmt heute lange Ausritte mit seinem Pferd. „Ich habe immer auf der Überholspur gelebt", sagt er. „Heute verbringe ich viel Zeit in der Natur. Das ist das, was ich wirklich genieße und wofür ich zutiefst dankbar bin."

Über einen Zufall hat Vierke außerdem den früheren Extremsportler, Aktivisten und Motivationscoach Joachim Franz kennengelernt. Der von ihm gegründete Verein „Be your own hero" engagiert sich in einer der ärmsten Regionen Südafrikas. Sein Ziel ist es, Kindern dort ein sicheres Aufwachsen und den Zugang zu Bildung ermöglichen. Vierke hat nicht lange gezögert. Er ist selbst nach Südafrika geflogen, hat sich ein Bild gemacht und seine Hilfe angeboten. Heute nimmt er im Verein die Rolle als Koordinator des Regionalkuratoriums Braunschweig ein. „Es geht mir nicht nur wieder richtig gut", sagt er. „Ich habe jetzt auch eine Aufgabe, die mir wirklich viel bedeutet."

Was man aus all diesen Geschichten lernen kann? Auf den ersten Blick sind sie natürlich sehr verschieden. Und doch gibt es Gemeinsamkeiten: Alle Unternehmer stehen nach dem Verkauf vor einem neuen Kapitel ihres Lebens – und großen Fragen: Was mache ich nun mit meiner Zeit und all dem Geld? Was schenkt mir Freude und gibt mir Sinn? Diese Fragen für sich zu beantworten, ist nicht immer leicht. Und doch kann man sich kaum einen besseren Ausgangspunkt für einen neuen Lebensabschnitt vorstellen, als ihnen ohne Druck und Geldsorgen nachzuspüren.

Vielleicht gibt es Menschen, die mit so viel Freiheit überfordert wären. Unternehmer sind es aus unserer Sicht nicht. Sie sind es gewohnt, Entscheidungen zu treffen, Prioritäten zu setzen und Gelegenheiten zu ergreifen. So unterschiedlich ihre Wege nach dem Verkauf auch sind, führen sie doch alle mitten hinein in ein neues Leben, das sie ausfüllt und ihnen Freude bereitet. Ein Leben, das sie in vollen Zügen genießen können, weil der Druck und der Stress von früher sie nicht mehr so in Beschlag nimmt.

Auch das ist eines der schönen Dinge an unserem Job: Die Geschichten der Unternehmer, die wir nach dem Verkauf weiterverfolgen, haben so gut wie immer ein Happy End. Wir haben in all den Jahren noch nie gehört, dass jemand seinem alten Leben nachtrauert oder den Verkauf bereut. Dafür ist das neue Leben dann einfach zu schön.